Stephanie Drönner

Einfach mal »FUCK« sagen

Über die befreiende Wirkung des Fluchens

Stephanie Drönner

Einfach mal »FUCK« sagen

Über die befreiende Wirkung des Fluchens

mvgverlag

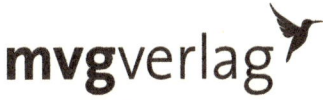

Bibliografische Information der Deutschen Nationalbibliothek
Die Deutsche Nationalbibliothek verzeichnet diese Publikation in der Deutschen Nationalbibliografie. Detaillierte bibliografische Daten sind im Internet über http://dnb.d-nb.de abrufbar.

Für Fragen und Anregungen:
info@mvg-verlag.de

Originalausgabe, 1. Auflage 2017

© 2017 by mvg Verlag, ein Imprint der Münchner Verlagsgruppe GmbH
Nymphenburger Straße 86
D-80636 München
Tel.: 089 651285-0
Fax: 089 652096

Alle Rechte, insbesondere das Recht der Vervielfältigung und Verbreitung sowie der Übersetzung, vorbehalten. Kein Teil des Werkes darf in irgendeiner Form (durch Fotokopie, Mikrofilm oder ein anderes Verfahren) ohne schriftliche Genehmigung des Verlages reproduziert oder unter Verwendung elektronischer Systeme gespeichert, verarbeitet, vervielfältigt oder verbreitet werden.

Redaktion: Antje Steinhäuser, München
Umschlaggestaltung: Karen Schmidt, München
Umschlagabbildung: Paket/Shutterstock, Borja Andreu/Shutterstock
Satz: Daniel Förster, Belgern
Druck: GGP Media GmbH, Pößneck
Printed in Germany

ISBN Print 978-3-86882-803-0
ISBN E-Book (PDF) 978-3-96121-060-2
ISBN E-Book (EPUB, Mobi) 978-3-96121-061-9

Weitere Informationen zum Verlag finden Sie unter:

www.mvg-verlag.de

Beachten Sie auch unsere weiteren Verlage unter www.m-vg.de.

INHALT

Einleitung 7

Kapitel 1: (Don't) Fuck me 15
    Abschied vom idealen Ich 15
    Verfickte Feigenettigkeit 24
    Welcher Fluch-Typ sind Sie? 32
    Fuckten-Check Kapitel 1 37

Kapitel 2: Fuck im Alltag 41
    Auf der Straße der Neandertaler 41
    Leben in der Warteschlange 51
    Bedient im Restaurant 57
    Technik, die nicht begeistert 67
    Stimmungskiller Steuer 72
    Fuckten-Check Kapitel 2 77

Kapitel 3: Fuck-Bekannte & Fucking Freundschaften 83
    Die doofe Ziege aus der Sportgruppe 83
    »Kannst du mal, hast du mal«-Typen 91
    Time to say goodbye 97
    Freundschaft to go 105
    Auch die Besten haben Fehler 111
    Fuckten-Check Kapitel 3 117

Kapitel 4: Fucking Family 121

   Verfluchte Verwandtschaft 121
   Das Mutter-Schutz-Programm 127
   Mama 2.0 – die Schwiegermutter 132
   Nein, wir kommen nicht 138
   Kinder, Kinder................................ 145
   Fuckten-Check Kapitel 4....................... 150

Kapitel 5: Fuck-Jobs 155

   Mund auf im Meeting 155
   Ey, du Opfer.................................. 160
   Prima Klima vs. dicke Luft 166
   Weihnachtsfeier 171
   Die Chefsache 176
   Fuckten-Check Kapitel 5....................... 182

Kapitel 6: F... na ja, Sie wissen schon – Partnerschaft 185

   Der Fluch (in) der Beziehung 185
   Kreative Geschenke? Geschenkt!................ 192
   Das Schweigen der Männer..................... 197
   Der Weg ist nicht das Ziel 202
   Gemeinsame Projekte 207
   Fuckten-Check Kapitel 6....................... 213

Zum Ausklang................................. 217

   Schimpfwortknobeln 217
   Schimpfwörter 218
   Erläuternde Adjektive 219

Quellen...................................... 221

EINLEITUNG

»Du Arschkrampe! Haste deinen Führerschein inne Lotterie jewonnen?! Du abjehalfterter Armleuchter, verfatzda, aber janz flotti karotti!«

Diesen Moment meiner Erleuchtung werde ich wohl nie vergessen. Zu verdanken habe ich sie einem Helden in verwaschenen Jeans und ausgelatschten Sneakers, der zu diesem Zeitpunkt schon seit einer geschlagenen halben Stunde in schöner Abwechslung Kupplung, Bremse und Gaspedal bis zum Anschlag durchgetreten hatte. Mit dem zweifelhaften Erfolg, dass der Flughafen Tegel, unser Startplatz, jetzt ganze zwei Kilometer hinter uns lag.

Ich hatte noch zehn Minuten, um pünktlich zu meinem Interviewpartner in Kreuzberg zu kommen und war mir ziemlich sicher, dass das niemals klappen würde. Meine Unterkiefer mahlten vor Anspannung so stark aufeinander, dass sich bereits ein unschöner Kopfschmerz in der linken Schläfe bemerkbar machte. In meinem Magen klumpte sich eine diffuse Angst vor dem, was kommen würde, zusammen: ein vermutlich mies gelaunter, weil wartender Promi und nur noch drei Minuten Zeit für einen zweieinhalb DIN-A4-Seiten langen Fragenkatalog. Mein Herz legte vor lauter Nervosität Extrasystolen ein. Und bei all dem Ärger hatte ich auch noch einen Taxifahrer erwischt, der seinen Frust so beherzt rausbrüllte, als leide er unter Tourette und ich unter Schwerhörigkeit. Der Tag hätte nicht besser laufen können.

Einleitung

Unauffällig rieb ich mir mit Mittel- und Zeigefinger die Nasenwurzel – ich hatte mal gehört, dass das beruhigend wirken solle. Als aber die Ampelphase zum dritten Mal von Rot auf Grün auf Rot wechselte, ohne dass wir auch nur einen Meter vorwärts gekommen waren und auf dem Fahrersitz mittlerweile Lautstärken erreicht wurden, die unters Lärmschutzgesetz fielen (und auch auf diverse andere Arten rechtlich bedenklich waren), konnte ich nicht mehr.

»Verdammt noch mal, können Sie diese Scheiß-Flucherei vielleicht mal lassen?!«, schrie ich entnervt und verspürte unmittelbar danach zwei Effekte: Der Druck unter meiner Schädeldecke ließ augenblicklich um einige Bar nach. Und ich wurde knallrot vor Scham. Mein Chauffeur lachte nur und schob seine Mütze in den Nacken. »Und? Besser jetze? Nix für ungut, wissen Se. Ick kann den Verkehr nich ändern. Aber ick muss mir nich och noch n' schlecht bezahlt Majenjeschwür einhandeln. Und wenn ick mal n' bisschen Dampf ablassen kann, entspannt mich dit enorm.«

Kurz darauf löste sich der Stau auf, und die restliche Fahrt verlief fast verstörend schweigend. Als er endlich in Kreuzberg hielt, gab ich ihm aus Verlegenheit ein fürstliches Trinkgeld. »Wer weiß, vielleicht sehen wir uns ja noch mal, wenn ich das nächste Mal in Tegel lande«, erklärte ich bemüht versöhnlich zum Abschied – und über meinem Kopf blinkte derweil neongelb die Gedankenblase »bloß nicht, bloß nicht« auf.

»Det wünsch ick ihnen nich«, gab Mr. Ich-bin-mit-dem-Düsenjet-durch-die-Kinderstube-gebraust zurück. »Da werd ick nämlich als Assistenzarzt im Virchow-Klinikum arbeiten. Hab vor zwei Wochen Examen jemacht.« Er grinste, legte zum Gruß den Zeigefinger an die Stirn und fuhr davon.

Im Rückblick muss ich sagen, dieser Tag änderte für mich – erst mal gar nichts. Das Einzige, was mein Taxiheld ins Wanken gebracht hatte, war meine Meinung über Fluchende; bis dahin hatte ich sie eher für einfach gestrickte Underdogs gehalten. Macht man ja nicht. Wird einem als Kind beigebracht. Und doch hatte mein wohlerzogenes Weltbild durch Dr. Arschkrampe, wie ich ihn bis heute in Ermangelung seines Namens immer noch liebevoll nenne, erste Risse bekommen. Ich konnte das herrliche Gefühl der Euphorie nach meinem Ausbruch nicht vergessen. Der nachlassende Kopfschmerz. Das Gefühl von Freiheit im Bauch, wo vorher noch ein dicker Knoten gesessen hatte. Ich hatte einen kleinen Happen vom Baum der derben Erkenntnis kosten dürfen, jetzt wollte ich mehr: den ganzen verfluchten Apfel! Aber dafür musste ich erst mal raus aus meinem Schrank.

Den Schrank habe ich Lisabeth zu verdanken. Lisabeth ist die kleine Schwester von Madita in dem gleichnamigen Kinderbuch von Astrid Lindgren und hatte für damalige Zeiten (geschrieben wurde das Buch in den 1960er-Jahren) schon fast anarchistische Züge: Wenn sie keinen Bock auf etwas hatte, schüttelte sie wild den Kopf und sagte entschieden »tu ich apselut nicht«. Diesen Satz habe ich mir seit Kindertagen zu eigen gemacht und nutze ihn noch heute regelmäßig, inklusive der charmanten orthografischen Fehler. Um darüber hinaus auch noch nach Herzenslust schimpfen, fluchen oder andere Kraftausdrücke kultivieren zu können, kletterte sie häufig in ihren Schrank, um sie dort ungestört aufzusagen, ohne Angst, dafür von Mama getadelt zu werden.

Als ich klein war, schien mir das Konzept total schlüssig. So schlüssig, dass ich mich gefühlt Jahre meiner Kindheit in vermutlich asbestverseuchtem Pressspan-Furnier aufhielt.

Und zum Zeitpunkt meiner legendären Taxifahrt war ich immer noch eine mentale Schrank-Flucherin.

Der Schrankausstieg erfolgte letztlich schleichend. Es war nicht so, dass ich eines Morgens aufgewacht wäre und den anständigen Pyjama gegen das trikotage Pendant von Catwoman getauscht hätte, versehen mit dem Schriftzug »Fuck you all«, auf ewig im Kampf gegen gute Manieren. Das ging schon deshalb nicht, weil ich in Latex leider eine deutlich schlechtere Figur mache als Halle Berry. Aber mir wurde immer mehr bewusst, dass die Schranklösung irgendwie feige ist. Also hab ich mein regulierendes Über-Ich öfter mal in den Kurzurlaub geschickt. Beim Autofahren etwa. Das funktioniert super, denn da haben Sie alle fünfhundert Meter einen perfekten Anlass, Broca und Wernicke – den Arealen im Gehirn, die für unsere Sprachbildung zuständig sind – vollkommen freien Lauf zu lassen.

Mein erster ganz bewusster »Wichser« hat noch heute einen Platz in meinem Herzen. Wahrscheinlich leuchtete mein Kopf dabei roter als die Ampel, die der Typ überfahren hatte. Aber das Gefühl! Es war so befreiend, als hätte ich Houdini-gleich meine anerzogenen Ketten gesprengt. Statt wie sonst vor Wut mit den Fingernägeln Abdrücke im Lenkrad zu hinterlassen, und diese unschönen Stirnfalten zu vertiefen, breitete sich ein entspanntes Lächeln auf meinem Gesicht aus. Meine Lungen füllten sich mit einer Menge an Luft, die mich nahezu schweben ließ ...

Mit der Zeit wurde ich enthusiastischer und auch kreativer, was die Wortschöpfungen anging.

Nein, tut mir leid, die werde ich Ihnen nicht verraten, denn irgendwann vereinbarte ich mit mir selbst: *What happens in the car, stays in the car.* Und solange die Windschutzscheibe nicht beschlägt, ist alles im grünen Bereich. Aber keine Bange, wenn Sie Ihr Vokabular noch ein wenig ausbauen möchten: Das Schimpfwort-Knobelspiel am Ende dieses Buchs unterstützt Sie bei Bedarf.

Nun ist der eigene Pkw, gerade wenn man allein darin unterwegs ist, ein ganz unkomplizierter Ort zum Fluchen. Der

Dödel vor Ihnen hört Ihre Meinung ja nicht, wenn Sie nicht gerade ein Cabrio fahren. Allerdings, ich weiß nicht, wie es bei Ihnen ist: Ich bin nicht immer allein im Auto. Da sitzt öfter mal jemand drin, mit dem ich die guten und die schlechten Zeiten ebenso teile wie Tisch und Bett. (Und der behauptet steif und fest, die Stunden mit mir als Fahrerin gehörten eindeutig zu den weniger guten Zeiten.) Außerdem kann ich doch den einen oder anderen Moment außerhalb des Autos nicht vermeiden, zum Beispiel, um zu arbeiten. Und da fängt es an, schwirig zu werden.

Im Job akzentuiert die eigene Meinung kundzutun, ohne am nächsten Morgen die Kündigung im Briefkasten vorzufinden, das ist Kunst. Im Beisein des Partners über ihn zu schimpfen und dann am nächsten Morgen nicht den Schlüssel der bisher gemeinsamen Wohnung im Briefkasten vorzufinden, das ist Fluchen summa cum laude! Und nein, den Briefkasten zu verstecken gilt in beiden Fällen nicht.

Da noch kein Fuck-Meister vom Himmel gefallen ist, hilft nur eins: stetes Training. Denn mal ehrlich, was ist denn die Alternative? Bei Ärger die negative Energie ins Wurzelchakra zu atmen oder was weiß ich wohin? Wer hat denn eigentlich bestimmt, dass wir immer politisch korrekt, nett und verbal sauber sein müssen? Okay, die Mama. Und die hat es von ihrer Mama. Und die? Also. Jetzt vergessen wir unsere vermeintlich guten Manieren mal.

Würden Sie gern
- einfach sagen, was Sie wirklich denken?
- ganz entspannt Sie selbst sein und nicht dauernd Anstrengungen unternehmen müssen, um besser/schlauer/schöner zu werden?
- nach Herzenslust abkotzen?

- »Nein« sagen, wenn Sie »Nein« meinen und nicht aus Versehen/Gewohnheit/Feigenettigkeit »Ja«?
- wenn etwas misslingt, aus vollem Hals *Fuck* brüllen, ohne groß nachzugrübeln, was andere wohl darüber denken?
- Wut und Ärger endlich rauslassen, statt alles in sich reinzufressen und wie ein beknackter Smiley debil dauerzulächeln?
- dem Arschloch-Chef mitteilen, dass er sich seine SOS-Herausforderungen für besonders fähige Mitarbeiter dahin stecken kann, wo die Sonne nie scheint?
- der Schwiegermutter sagen, dass ihr Nachwuchs ebenso wenig ein Gottesgeschenk an die Menschheit ist wie ihr hochgelobter Sauerbraten?
- die Barbie-Zicke aus der Sportgruppe, die immer verächtliche bis mitleidige Blicke auf Ihr Hinterteil wirft, zum Teufel schicken?

Willkommen im Club! Genau das tun wir in den kommenden Kapiteln. Vielleicht haben Sie jetzt ein bisschen Schiss, dass Sie hinterher niemand mehr leiden mag. Und ja, es kann tatsächlich sein, dass Sie dem ein oder anderen leicht auf den Schlips treten. Aber wenn diejenigen Sie nur mögen, weil Sie im Zweifel immer nur Ja und Amen sagen, statt »Fuck, kommt überhaupt nicht in die Tüte« – wie viel ist deren Sympathie dann wert? Eben. Also, lassen Sie's raus.

An bösen Worten, die man ungesagt hinunterschluckt, hat sich noch niemand den Magen verdorben, soll Winston Churchill mal gesagt haben. In Anbetracht seiner beträchtlichen Leibesfülle kann man allerdings davon ausgehen, dass sie zumindest schwer verdaulich sind und sich im Bauch ansammeln wie Kirschkerne im Wurmfortsatz. Ist das erstrebenswert? Nö. Ein späteres Zitat von ihm sagt denn auch folgerichtig: Besser einander beschimpfen, als einander beschießen. Na also, Sir. Sie waren ja doch ein weiser Mann. Genau wie Dr. Arschkrampe. Und der hier:

> *»Ich bin, wie ich bin. Die einen kennen mich, die anderen können mich.«*
>
> KONRAD ADENAUER

Los geht's.

KAPITEL I

(DON'T) FUCK ME

ABSCHIED VOM IDEALEN ICH

Kennen Sie noch diese total aktive und attraktive Blondine aus der *Jacobs*-Dröhnung-light-Reklame aus den Neunzigern? Das ist dieser Typ Frau:

Ich wache morgens gut gelaunt auf und springe voller Motivation aus dem Bett, schlüpfe nach dem Duschen in meinen eleganten mintgrünen Hosenanzug Größe 34 und mache dann mit links und einem Lächeln fett Karriere, bis ich abends schnell eine Runde joggen gehe, bevor ich im leger-raffinierten Dress meinen gut aussehenden Lover nach dem Restaurantbesuch sexy verführe.

Haben Sie vor Augen? Prima, ungefähr so können Sie sich mich vorstellen.

Nur in kleiner und dunkelhaarig, ohne den mintgrünen Hosenanzug. Plus zwanzig Kilo und Morgenmuffel. Mein Büro ist zudem nicht ganz so repräsentativ und ich bin vielleicht nicht ganz so erfolgreich, dafür aber unsportlich. Wenn ich es genau überschlage, verbringe ich zudem nicht so viele Abende mit männlichen Models in Sterne-Lokalen wie mit Göttergatte am

Küchentisch bei Pellkartoffeln und Rahmspinat. Und ziehe ich mich anschließend bis auf die Unterwäsche aus, liegt es weniger an meiner Femme-fatale-Ausstrahlung als an der Tatsache, dass man Rahmspinatflecken aus Textilien möglichst fix rauswaschen sollte, ansonsten kann man den Stoff gleich jägergrün färben. Aber bis auf diese Kleinigkeiten sind wir absolut deckungsgleich, die Jacobsdrohne und ich.

Um ehrlich zu sein, wünschte ich mir, seitdem diese Werbung irgendwann zum Ende des letzten Jahrtausends über die damaligen Röhrenfernseher flimmerte, die nicht wegzudiskutierenden Unterschiede zwischen Blondie und mir unsichtbar machen zu können.

»Du spinnst«, antwortete meine Freundin Diana fassungslos, als ich ihr vor einiger Zeit diese geheime Sehnsucht an einem schwachen Abend gestand. Ungefähr zwei Stunden, nachdem meine Wasserstoff-Blondierung in einem intensiven Karottenton endete und ich mich laut Anzeige der Waage noch zwei weitere Kilos von meinem wahren Ich entfernt hatte. Von der Karriere wollen wir jetzt gar nicht erst anfangen ...

»Du spinnst sogar total.« Diana, nicht unerheblich zu wissen, ist der Prototyp einer Feministin; sie hält *Germanys next Topmodel* für eine Geißel der Menschheit, liest regelmäßig die Kolumne von Margarete Stokowski auf *spiegel.de* und wäre nach eigener Aussage für Frida Kahlo lesbisch geworden, wenn sie die Malerin denn rechtzeitig vor ihrem Ableben kennengelernt hätte. Optisch hingegen ähnelt sie nicht etwa Alice Schwarzer, sondern ist unverschämt hübsch; zudem muss sie ständig Süßes essen, um *nicht zu dünn* zu werden, weil sie eben so schnell verstoffwechselt. Kurz, wäre Diana nicht meine Freundin, würde ich sie von ganzem Herzen hassen, denn sie ist wahrlich eine geile Sau. Aber ich hab sie lieb, obwohl und gerade weil sie mir an diesem Abend so den Kopf gewaschen hat.

»Was magst du an dir?«, lautete ihre Frage, nachdem sie mich vor meinen großen Spiegel im Flur geschoben hatte. Und ließ dann nicht locker, bis ich ausreichend optische wie charakterliche Eigenheiten genannt hatte, die ich an mir attraktiv finde. Es kamen erstaunlicherweise gar nicht so wenige zusammen, und sie kommentierte das grinsend mit einem »siehste«. Das Grinsen verstärkte sich noch, als sie fortfuhr: »Ich wusste, es muss irgendwelche Gründe geben, warum ich ausgerechnet mit dir komischen Nudel befreundet bin, und nicht mit der Jacobs-Frau.«

Mit dieser Übung, die Sie übrigens ruhig mal selbst vor dem eigenen Spiegel ausprobieren können, war die Kopfwäsche jedoch keineswegs zu Ende.

»Jetzt schau mich an und sag ›fuck you, du dämliche Jacobsfotze, du überidealisierte Werbefigur, die nur dazu dienen soll, normale Frauen zu degradieren und einzuschüchtern‹«, forderte Diana mich auf.

Ich verdrehte die Augen und zeigte ihr einen Vogel.

»Nu mach schon«, drängelte sie.

»Ich hab nicht mal den ganzen Satz behalten«, wehrte ich ab.

»›Fuck you, Jacobsfotze‹ reicht ja schon«, lenkte meine Freundin ein.

»Das ist total albern. Aber gut, du hörst ja doch nicht auf zu nerven, also ›fuck you, Jacobsfotze‹«, leierte ich gelangweilt herunter.

Sie schüttelte beharrlich den Kopf. »Du musst das schimpfen, sei leidenschaftlich!«

»Verdammt noch mal, dann halt FUCK YOU, DU BESCHISSENE, DÄMLICHE, BLÖDE DRECKS-DUSSELIGE JACOBSFOTZE«, fauchte ich plötzlich wütend, und wusste in dem Augenblick nicht mal so genau, ob ich nun das perfekte Weibchen aus dem Fernsehen meinte, oder das andere neben mir.

Letzteres nickte jedenfalls anerkennend, während mir der Schweiß ausgebrochen war und das Herz bis zum Hals schlug.
»Sehr gut! Du solltest öfter mal ›Fuck‹ sagen, das steht dir. Hast du eigentlich noch brünette Haar-Coloration im Haus? Dann kümmern wir uns jetzt mal darum, dass wir den Pumuckl von deinem Kopf kriegen, der steht dir nämlich nicht so gut, um ehrlich zu sein ...«

Als ich am nächsten Morgen gewohnt muffelig erwachte, die dringend benötigte Kaffee-Dosis aufbrühte (wer braucht schon Light-Kaffee!) und erleichtert feststellte, dass das Orange meiner Haare wirklich verschwunden war, ließ ich den Abend Revue passieren. *Fuck you, Jacobsfotze.*
Statt Komplimenten hielt mir mein zähneputzendes Spiegelbild diesmal die Attribute »vulgär und primitiv« entgegen. Ich spuckte den Schaum ins Becken. Das Fuck hatte sich uneingeschränkt gut angefühlt. Primitiv hin, vulgär her. Sogar so gut, dass ich mir Dianas Ratschlag auf einen Zettel schrieb und an die Pinnwand hängte: *Du solltest öfter mal »Fuck« sagen, das steht dir.*
Die Jacobsfotze hingegen – hm. Die lag mir irgendwie schwer im Magen. Diana liebt das Wort Fotze, sie findet regelmäßig Gelegenheiten, es anzuwenden, und trotzdem würde sie niemand deshalb für eine Ghetto-Schlampe oder Ähnliches halten. Es passt einfach zu ihr (und liebe Diana, das meine ich total positiv!). Zu mir allerdings passte Jacobsfotze nicht, genauso wenig wie der mintfarbene Hosenanzug, in dem selbige steckte. Vielleicht würde sich das irgendwann ändern, vielleicht würde ich den Begriff eines Tages auch mit einer solch abgeklärten Attitüde verwenden, dass er in einer *Aspekte*-Sendung nicht unangenehm auffiele. Aber soweit war ich noch nicht (und bin es immer noch nicht, und das ist okay!). Für mich war die Jacobsfotze eben eine Jacobsmuschi. Die ist dann doch nicht so erschlagend ...

Die Jacobsmuschi hatte ich längst weggesteckt, doch das Thema Kraftausdrücke ließ mich einfach nicht mehr los. Ich begann ein wenig zu recherchieren. Schnell stieß ich auf erstaunliche Informationen und die Erkenntnis, dass ich längst nicht die Erste war, die sich fürs Schimpfen und Fluchen interessiert. Immerhin gab es sogar einen eigenen Wissenschaftszweig dafür, die Malediktologie (von lat. »maledicere« für schimpfen)!

Ob Doc Arschkrampe das wusste? Dann hatte er bestimmt in den letzten Jahren genug Material für die Ehrendoktorwürde gesammelt! Zahlreichen namhaften Experten zufolge, so las ich, solle Fluchen gleich auf verschiedenen Wegen positiv wirken. Und wer denkt, kräftig vom Leder ziehen, sei ein Grund, sich zu schämen, erhält von Sprachwissenschaftlern und Psychologen großzügig Absolution. Da ist kein einziges Ave Maria nötig, schimpfen und verunglimpfen gehören zum Menschen, seit jeher – und sind z.B. dort besonders vertreten, wo menschliches Leben überhaupt erst beginnt. An kaum einem Ort soll so viel und so inbrünstig geflucht werden wie im Kreißsaal.

Das ist medizinisch auch durchaus sinnvoll, denn wer schimpft, flucht und/oder Kraftworte verwendet, schüttet dabei Endorphine aus. Und die haben tatsächlich schmerzlindernde Wirkung, wie Dr. Richard Stephens von der Universität Keele (Großbritannien) in Studien herausgefunden hat. Er untersuchte etwa, wie lange Probanden es aushalten, die Hand in eiskaltes Wasser zu tauchen. Eine Gruppe der Testpersonen durfte dabei fluchen, die andere nur neutrale Begriffe benutzen. Jetzt raten Sie mal: Genau, mithilfe von »fuck« und »shit« schafften es die Versuchskaninchen im Schnitt vierzig Sekunden länger und empfanden, wie ihre Angaben hinterher bewiesen, die Prozedur auch insgesamt als weniger schmerzhaft.

Aber Achtung: Stephens' Untersuchungen belegten ebenfalls, dass die günstigen Effekte des Schimpfens nicht bei jedem auftreten. Als Faustregel gilt hierbei: Je öfter man flucht, desto geringer ist der Nutzen. Am meisten profitieren die Personen vom »Fuck«, die es clever dort anbringen, wo es auch wirklich gerechtfertigt ist. Wer hingegen bei jedem quersitzenden Pups lospöbelt, dem geht mit der Zeit die Luft aus – und wird die überschüssige im Bauch dadurch nicht mehr los.

Mein ganz persönlicher Kreißsaal ist die Küche. Ich bin nämlich nicht nur die Jacobsmuschi der Herzen, sondern auch die geheime Tochter von Martha Stewart und Klementine. Ja, von beiden. Es mag sich blöd anhören, aber ich hätte wirklich gern einen perfekten Haushalt. Das darf man als Frau heute eigentlich gar nicht mehr laut sagen, schließlich haben Generationen von Frauen dafür gekämpft, dass wir trotz der genetischen Schwäche von zwei **XX**-Chromosomen endlich selbstbestimmt leben können, einen Job haben dürfen und eigenes Geld verdienen. All das ist ja auch wirklich ganz schön, und ich verspreche hoch und heilig (und kann dafür auf Wunsch jede Menge Zeugen liefern), dass ich mich nicht über gebügelte Geschirrhandtücher definiere.

Aber ich stelle es mir halt trotzdem total erholsam vor, wenn man spontan an der Tür klingelnde Freunde/Nachbarn/Schornsteinfeger ganz relaxt reinbitten kann, statt in **ADHS**-artige Blitzaufräumaktionen zu verfallen, nach denen man hinterher die alten Socken im Kühlschrank wiederfindet. Oder wo man nicht drei Tage dauerputzt, bevor »liebe Gäste« (Schwiegermutter, Arbeitskollegen, Versicherungsvertreter) kommen, denen man dann sagt »entschuldigt, wie es hier aussieht, ich bin einfach nicht zum Saubermachen gekommen«.

Da ist wirklich eine tiefe Sehnsucht in mir. Ebenso wär' ich gern ein Ass am Herd. Und es macht mich wütend, dass sich Backzutaten, -formen und die erforderliche Technik böswillig gegen mich verschwören. Die mögen mich nicht und möchten mich aus ihrer Küche rausekeln, von der nur ich denke, dass sie mir gehört. Anders ist es einfach nicht zu erklären, warum ein Kuchen, der auf dem Frauenmagazinfoto herrlich fluffig, schokoladig und rundum appetitlich aussieht, durch meiner Hände Arbeit (genau nach Rezept, ich schwöre!) zu einem Stück Holzkohle mit Puderzucker mutiert.

Hier beweist Göttergatte, dass er den Spruch »in guten wie in schlechten Zeiten« wirklich ernst nimmt: Er isst klaglos, was ich mit Liebe und Verzweiflung (zu gleichen Teilen) produziere. Danke dafür an dieser Stelle. Andere sind da weniger opferbereit: Werde ich auf eine Party eingeladen, zu der jeder etwas mitbringen soll, bekomme ich auf meine Frage, ob ich besser einen Nudelsalat oder Nachtisch beisteuere, regelmäßig zu hören »Brot wär super«. Alternativ: »Ach, kümmer dich einfach um die Getränke.« Ja, Freunde, *es ist mir aufgefallen*!

Doch diese negative Energie prallt an mir ab – und kurz stelle ich mir die Frage, ob ich grenzenlos optimistisch oder einfach unbelehrbar bin, als ich mich mit dem Handrührgerät, Hefe, Milch, Mehl, Ei und Zucker ausgestattet an die Arbeitsplatte stelle. Mission Butterkuchen beginnt. Zunächst mal lässt es sich gut an: Ich kreiere einen lockeren Teig, der jetzt an einem warmen Ort ruhen soll. Der einzige warme Ort gerade ist im Wohnzimmer vor dem Kamin, da ruhen aber schon die Katzen. Und die sind *not amused*, als ich sie zugunsten einer Teigschüssel vertreibe.

»Oh, backst du?«, fragt Göttergatte, der gerade aus dem Garten reinkommt, beim Anblick meines bemehlten schwarzen Lieblingsshirts.

»Ich höre den angstvollen Unterton«, weise ich ihn zurecht und er zuckt entschuldigend mit den Achseln. Nach einer Stunde ist der Teig nahezu, wie im Rezept beschrieben, auf das doppelte Volumen angewachsen. Na ja, vielleicht nicht ganz. Aber größer ist die Kugel schon geworden. So rund 50 Prozent. Etwa. Also, ein Viertel

Zusatz ist auf jeden Fall zu sehen. Hoffe ich. Ich beschließe, die Ruhephase noch ein halbes Stündchen auszudehnen; eine optische Veränderung zeigt sich dadurch nicht. Dann gehört das wohl so.

Bei der weiteren Zubereitung erweist sich mein ehemals geschmeidiger Teig als zähes Etwas, das sich beharrlich gegen eine Auswälzung auf dem Backblech sträubt.»Grrr«, knurre ich, und meine schlechtere Hälfte steckt ahnungsvoll seinen Kopf zur Tür rein.»Stimmt was nicht?«

Nein, gar nichts stimmt, verdammter Mist, ich sollte meine Zeit und meine vielfältigen Talente nicht in einer Küche vergeuden, sondern etwas Sinnvolles damit tun!, schreie ich ihn in Gedanken an. In Wirklichkeit aber lächle ich – vielleicht ein wenig verkrampft – und erkläre »Quatsch, alles unter Kontrolle«. Nachdem ich den Mandelmatsch auf dem Teig verteilt habe, das schwarze Shirt ist mittlerweile nicht nur dalmatinerartig gefleckt, sondern auch noch Sahne-Butter-verschmiert, schiebe ich das Blech in den Ofen und ein Stoßgebet zum Himmel, dass der Teig dort zumindest noch ein wenig aufgehen möge.

»So eine verfluchte Scheiße!« Eine halbe Stunde später schreie ich dem zu braun gewordenen und steinharten Kuchen, der maximal die Dicke einer Tafel Milka (aber leider nicht deren Geschmack) aufweist, meinen ganzen Hass entgegen. Mal ehrlich, wenn *das* keine geeignete und berechtigte Gelegenheit zum Fluchen ist, was dann?! Immerhin habe ich mehr als zwei Stunden meines nach aktuellem Stand der Wissenschaft endlichen Lebens dafür aufgewendet, ein Blech Grillanzünder zu produzieren. »Du verfickter Dreckteig! Du verschissener Backofen! Du mieses Handrührgerät!«

Ich atme tief aus und zerteile ~~die Teerpappe~~ das Gebäck mit dem Brotmesser mühevoll in kleine Quadrate. Warum hat man eigentlich keine Axt in der Besteckschublade? Der Hund klemmt den Schwanz ein und trollt sich, nachdem er ein angebotenes

Stück Backgut naserümpfend abgelehnt hat. Der frisst sonst alles! Göttergatte, das sehe ich ihm an, würde es dem Tier am liebsten gleich tun (also naserümpfend verzichten, nicht das mit dem Einklemmen). Aber er beißt mit Heldenmut hinein, mahlt kräftig mit Ober- und Unterkiefer und sagt dann erstaunt: »Ach komm, sooo schlecht ist es doch gar nicht. War ja immerhin dein erster Versuch, Knäckebrot zu machen, oder?«

Die Reste des Blechinhalts erhalten eine feierliche Feuerbestattung im Kamin; der Teig brennt erstaunlich gut. Ich sag's ja, Grillanzünder. Mit jedem Stück, das ich unter leisen Flüchen hineinwerfe und das zu Asche wird, werde ich ruhiger. Zur Hölle mit Butterkuchen! Der brennt wenigstens gut! Ich mag ihn sowieso nicht gern!

»Dann versuch's doch das nächste Mal mit Himbeertorte, die liebst du«, will Göttergatte zwischen mir und dem Backuniversum vermitteln. Ich überlege kurz. Und dann schüttele ich den Kopf.

Hat mir Fluchen geholfen, mich besser zu fühlen? Absolut. Aber kann es an der grundsätzlichen Situation, nämlich dem Umstand, dass ich leider absolut kein Talent zum Backen habe, etwas ändern? Wohl eher nicht. Die Fluch-Sause würde sich somit vermutlich in ähnlicher Art wiederholen und die befreiende Wirkung einem Dauerfrust weichen, wenn ich Butterkuchens missratene Kollegen Plunderteilchen, Schokomuffins und Himbeertorte auf den Plan rufe.

Und plötzlich sehe ich wieder Diana vor mir. *Du solltest öfter mal »Fuck« sagen, das steht dir.* Sie hat recht!
Fuck you, Butterkuchen!
Ich muss nicht gut backen können.
Fuck you, Klementine!
Ich bin auch ohne herausragende hausfrauliche Fähigkeiten ein liebenswerter Mensch.

Fuck you, Ihr übersteigerten Ansprüche an mich selbst!

Ich gebe die feindliche Übernahme der Küche auf. Ebenso die Hoffnung, jemals zur Haushaltsqueen des Jahres gekürt zu werden. Und ich will jetzt ein Stück Himbeertorte! Vom Konditor!

Himbeertorte tut gut (solange ich sie nicht backen muss). Aber noch besser fühlt es sich an, abstrusen Idealvorstellungen von sich selbst, denen man ohnehin nie gerecht wird, nicht länger hinterherzuhecheln. Egal wie sehr ich es mir wünsche und mich damit abquäle, aus mir wird keine blondjoggende Dröppelminna mit Latin Lover und eingebauter Vorfahrt auf der Karriereüberholspur. Es wird in diesem Leben auch nix mit mir und der begnadeten Hauswirtschafterin. Sie sind vielleicht kein Naturtalent in Fremdsprachen oder haben Probleme mit dem Satz des Pythagoras. Na und? Fuck you, Pythagoras! Klar ist das irgendwie ärgerlich, ja. Aber dafür punkten wir eben mit anderen Trümpfen. Auch die meisten Genies sind nicht in allem brillant, sondern ausschließlich in ihrem Fachgebiet. Und zwar deshalb, weil sie sich genau darauf konzentrieren, all ihre Energie dafür verwenden und sich nicht verzetteln, indem sie versuchen, in anderen Disziplinen halbwegs passabel vor sich hinzustümpern.

VERFICKTE FEIGENETTIGKEIT

Es gibt Sachen, die sind eigentlich vollkommen harmlos. Trotzdem fühlen sie sich irgendwie unangenehm an, und wenn man sie umgehen kann, tut man's. Das Erstaunliche ist, dass jeder seine eigenen *Hmneeliebernichts* hat.

Eine Kollegin hat mir zum Beispiel mal erzählt, wie ungern sie Tampons kauft. Das findet sie irgendwie peinlich, zu persönlich, zu intim. Sie will nicht, dass jeder, der vor ihr und nach ihr an der Kasse steht, auf dem Warenband gepresste Watteröllchen mit blauem Bändchen sieht, deren Bestimmungsort eindeutig, nun ja, ihre Jacobsmuschi ist. Finde ich völlig verspleent, aber ihr ist es eben unangenehm. Als ich ihr mal in einer Mittagspause beim Lidl gegenüber einen Jahresvorrat erwarb, hat sie fast vor Glück geweint – ungelogen!

Göttergatte, dem Monatshygieneartikel naheliegenderweise ziemlich wurscht sind, hasst es dafür, beim Pizzataxi anzurufen und eine Bestellung durchzugeben. Ich wiederum telefoniere mit denen völlig ungehemmt und fordere souverän »einmal die 2 und die 6« (Margherita und Tonno) an. Allerdings nehme ich die Pappboxen nicht so gern an der Tür vom Fahrer entgegen. Womöglich ist es einer der fragwürdigen Erfolgsfaktoren unserer Ehe, dass sich diese beiden Defizite so gut ergänzen.

Selbst Diana, die Fotze so locker ausspricht wie andere Leute Kartoffelpuffer, hat so ihre Hemmungen. Sie kann zum Beispiel nicht an Menschen vorbeigehen, die sie nach Geld fragen. Egal, ob es der alte Bettler mit seinem hungrigen Hund ist, das Rote Kreuz, irgendein abstruser »Sie möchten doch auch, dass Kinder vor Gewalt geschützt werden«-Verein, der seinen Sitz wahrscheinlich entweder irgendwo auf den Cayman Islands oder direkt in den Hosentaschen der Fragenden hat. Diese Unfähigkeit, Nein zu sagen, führte in Dianas Studium dazu, dass sie bei ihren Straßenbahnfahrten in Köln nicht an der Haltestelle Rudolfplatz umgestiegen ist, was für sie der kürzeste Weg gewesen wäre. Nein, sie wechselte die Linie lieber am Neumarkt, obwohl sie das jedes Mal eine Viertelstunde mehr Zeit kostete. Der Grund: Am Rudolfplatz musste sie einen kleinen Fußweg bewältigen, der gesäumt war von »Haste mal 'n Euro«-Punks. Und bis Diana den Fuß in ihre Bahn setzen konnte, war sie pleite.

Nicht falsch verstehen, Großzügigkeit ist eine wunderbare Eigenschaft, und ich gönne zumindest dem alten Mann und seinem Tier das Geld von ganzem Herzen. Und wenn Diana ein inniges

Bedürfnis hätte, Punks, NGOs oder zweifelhafte Vereine zu unterstützen, so what, ihr gutes Recht. Doch eigentlich will sie das ja gar nicht. Sie hat ihr Patenkind in Ruanda, ist Mitglied im Tierschutzverein und hängt als Erste am Telefon, wenn im Fernsehen Spendenaufrufe für »Ein Herz für Kinder« oder »Rednoseday« laufen. Allen anderen (bis auf den Alten mit Hund) würde sie gern einfach Nein sagen. Aber das ist ihr so unangenehm, dass sie stattdessen zähneknirschend ihr Portemonnaie öffnet und sich hinterher über sich selbst ärgert. Und über das Leck auf ihrem Konto, wo eigentlich ein hübsches Plus stehen sollte, von dem sie ihr Patenkind in Ruanda nämlich besuchen will.

Jeder von uns entwickelt also irgendwelche krummen Taktiken, um bestimmten Umständen aus dem Weg zu gehen. Ich habe auch so eine, noch zusätzlich zu *Göttergatte-an-die-Tür-schicken-und-Pizza-annehmen-Lassen*, und, ehrlich gesagt, weiß ich überhaupt nicht, woher die stammt. Weder legten meine Eltern diese Eigenschaft auffällig häufig an den Tag, noch hab ich mir die Methode von Freunden abgeschaut. Und erst recht wird sie in keinem der psychologischen Ratgeber, die ich so im Laufe meines Lebens weggeschmökert habe, empfohlen. Die Rede ist von Feigenettigkeit.

Sie können mit diesem Begriff nichts anfangen? Ich erklär's kurz:

- Feigenett ist man, wenn man im Restaurant noch dem unfreundlichsten Kellner, nachdem man ihn in Gedanken geteert und gefedert hat, ein Trinkgeld gibt – nicht etwa, weil er es verdient hätte, sondern weil man sonst vielleicht komisch angeschaut wird.

- Feigenett ist auch, bei (unbezahlten) Sonderaufgaben im Job vor Wut in die Schreibtischplatte zu beißen – sie aber weder abzulehnen, noch überhaupt zu hinterfragen, weil das vielleicht unangenehme Konsequenzen haben könnte.

- Eindeutig feigenett ist es, bei einer Verabredung mit Freunden schon zehn Minuten zu früh am vereinbarten Treffpunkt im Regen zu stehen und die eine halbe Stunde zu spät Kommenden dann pitschnass und lächelnd mit »Ach, macht doch nix« zu begrüßen, während einem vor Wut das Eiweiß im Blut ausflockt.

Die Klammer um all diese Situationen ist die diffuse Angst, nicht mehr liebgehabt zu werden – um die Quintessenz diverser Psychobücher mal etwas zu komprimieren. Und das stimmt natürlich, schließlich wussten schon die Beatles »All you need is love«. Ich möchte liebgehabt werden, Sie bestimmt auch. Allerdings ist es mir, wenn ich es ganz nüchtern betrachte, nicht so wahnsinnig wichtig, dass mich beispielsweise der Chef liebhat (bis auf bisher an einem Finger abzählbare Ausnahmen fände ich das vielmehr ziemlich grauenhaft!). Und Ihnen?

Ebenso liegt es mir fern, das Herz meines Zahnarztes zu erobern, auch nicht das seiner Assistentinnen (von denen, glaube ich, nicht mal alle überhaupt eines besitzen). Deshalb sollte ich eigentlich dringend mal am Empfang nachfragen, warum ich nach über einer Stunde Wartezeit, in der mein Hintern bereits viermal vom Sitzen auf dem unbequemen Holzstuhl eingeschlafen ist, immer noch nicht aufgerufen wurde. Ich hatte mir schon die wunderbare entschuldigende Theorie zurechtgelegt, dass ein schlimmer Notfall die Verzögerung verursacht. Doch es kommt in schöner Regelmäßigkeit ein Patient nach dem nächsten an die Reihe, und alle haben erst nach mir im Wartezimmer Platz genommen. Irgendwie widerspricht das meiner Notfall-These, zumal keiner der bereits Drangenommenen geblutet, schmerzverzerrt ausgesehen oder wenigstens zwei ausgeschlagene Beißerchen in der Hand gehalten hat.

Ich weiß nicht, wie es Ihnen geht, aber Arztbesuche im Allgemeinen und Zahnarztbesuche im Besonderen gehören nicht gerade zu meinen Hobbys. Und jede Minute Wartezeit, die an sich ja schon lästig ist, vergrößert noch meine Angst, wenn ich weiß, dass unmittelbar/gleich/später/in ungewisser Zukunft eine olle Wurzelbehandlung auf mich wartet. Ich sollte deshalb wirklich mal fragen, warum das so lange dauert. Aber irgendwie – lasse ich es.

Nach dem Querlesen sämtlicher Ausgaben des Lesezirkels von *Auto, Motor, Sport* bis *Zuhause Wohnen* halte ich es nicht mehr aus. Ich schreibe Göttergatte eine WhatsApp-Nachricht. Meine Finger zeigen beim Tippen schon einen leichten Tremor, vermutlich ein Gemisch aus Furcht und Wut.

Bin immer noch nicht dran! Ist das eine Unvererschämtheit?

Er antwortet etwa fünf Minuten später:

Musst halt mal nach vorne gehen und Bescheid sagen. Bringst du später auf dem Rückweg Klopapier mit?

Ich kann es nicht fassen. So ein unsensibler Arsch! Ich bin ein zitterndes Nervenbündel, das seit über einer Stunde auf den Gang zum Folterstuhl wartet, und er gibt mir profane Aufträge!

Du unsensibler Arsch! Ich bin ein zitterndes Nervenbündel, das seit über einer Stunde auf den Gang zum Folterstuhl wartet, und du gibst mir profane Aufträge!

Häh? Wieso bin ich ein Arsch? Und was haben sie denn am Empfang gesagt, kommst du bald dran?

Weil du nur an dein verkacktes Klopapier denkst und kein bisschen an mich!

?!? :-O
HAST DU JETZT NACHGEFRAGT?

Oh Mann! So ein Sack! Ich hab jetzt einfach keine Lust mehr, diesem Emotionslegastheniker seine fehlende Empathie zu erklären. Mittlerweile bin ich auf ihn genauso sauer wie auf den Zahnarzt. Dann gehe ich eben jetzt nach vorne und frage nach. Als würde das irgendwas ändern!
»Entschuldigung, aber ich warte jetzt schon eine Weile …«
Eine der drei Arzthelferinnen erbarmt sich meiner und kommt an die Theke.
»Sagen sie mir noch mal den Namen?«
»Drönner.«
»Brönner?«
»Drönner, mit D.«
»Döner?«
Mmpf. »Nein, Dora, Richard, Ödipus, Nordpol, Nordpol, Emil, Richard!«
»Drönner?!«
»Exakt.«
»Wir haben hier keine Frau Drönner.«
»Wie meinen Sie das, ich steh doch hier?«
»Ja, aber wir haben hier keine Karteikarte von ihnen. Bei wem haben Sie sich denn angemeldet?«
»Bei der rothaarigen Kollegin.«
»Oh, hm, die hat schon frei.«
(Kein Wunder, ich bin ja nicht erst seit Kurzem hier.)
»Und jetzt?«
Das Ende vom Lied ist, dass sich alle tausendmal entschuldigen, wir haben sie vergessen, wie unangenehm, Frau Döner, tut

uns sehr leid, für die nächste PZR zahlen sie nur die Hälfte, sie dürfen dann gleich ins Behandlungszimmer durchgehen. Jippieh, welche Freude.

Eine schmerzvolle Stunde später schließe ich die Haustür auf. Göttergatte ist glücklicherweise gerade mit dem Hund raus, das verschafft mir eine kleine Galgenfrist. Denn irgendwie ahne ich, dass es auf eine Diskussion hinauslaufen wird. Und ohne geschwollene Backe diskutiert es sich deutlich besser, oder?

Dreißig Minuten später hat das Icepack gewirkt, wobei ich mir die Wange auch prima am frostigen Blick des Göttergatten, der mit unserem griechischen Mischling wieder eingetroffen ist, kühlen könnte.

»Der Arsch war vielleicht ein bisschen ungerecht«, hisse ich gleich die weiße Fahne.

Es wird ein wenig wärmer in seinen Augen. »Stimmt«, bestätigt er grummelig, fügt aber noch hinzu: »Weißt du denn jetzt, warum es so lange gedauert hat? Da sitzt man doch sonst nicht so lange.«

Ich erkläre, wie es zu der Wartezeit kam.

»Die haben dich vergessen? Na, was ein Glück, dass du nachgefragt hast, sonst würdest du da jetzt immer noch hocken mit eingeschlafenem Hinterteil.« Er gluckst amüsiert. War ja irgendwie klar, dass er diesem Detail meiner Erzählung besondere Aufmerksamkeit widmen würde. Na ja, wenn's der guten Laune dient …

»Warum hast du denen denn nicht früher Bescheid gesagt? Dann wärest du schneller drangekommen, hättest dich nicht geärgert, mich nicht ungerechterweise einen Arsch genannt und deinen nicht plattgesessen.«

Rochade. Ärgerlicherweise fasst er in dieser Frage das zusammen, was mir auch schon die ganze Zeit durch den Kopf

Verfickte Feigenettigkeit

geistert. Warum zum Kuckuck, kann ich nicht einfach auf den Tisch hauen und schimpfen, dass die Wände wackeln?

»Das kannst du doch«, setzt mich Göttergatte matt. »Seit diesem Fuck-Zettel an deiner Pinnwand fluchst du zu Hause und im Auto wie ein Kesselflicker, wenn du sauer bist. Das Problem ist vielmehr, dass du es draußen nicht tust, da, wo es nötig wäre. Weil du feige bist, mein Mausezahn.«

Ich hasse es, wenn er recht hat. (Auch wenn er natürlich übertreibt, was den Kesselflicker angeht!)

Abends im Bett überfliege ich noch schnell meine Mails. (Ja, ich weiß, das ist eine Unart und blaustichiges Licht kann den Schlaf stören.) Ein Marktforschungsinstitut fordert mich zum dritten Mal auf, einen Fragebogen auszufüllen, es dauert nur fünfzehn Minuten, ihre Meinung ist uns wichtig, Frau Drönner. Und wenn ich ihn nicht bis zum nächsten Tag ausgefüllt habe, kann meine überaus wichtige Stimme leider nicht mehr gezählt werden. Seufzend öffne ich den Link und erblasse bei der Menge der Fragen, die ich doch eigentlich gar nicht beantworten möchte. Zwei Minuten starre ich stumm die Seite an, dann klappe ich entschlossen den Laptop wieder zu.

»Was ist los?«, möchte Göttergatte irritiert wissen.

»Ich will nicht mehr tausend Dinge tun, die mir eigentlich widerstreben, nur weil ich mich nicht traue, Nein zu sagen«, erkläre ich entschieden. Er guckt verdutzt. »Und auch keine totalen Selbstverständlichkeiten unterlassen, nur damit mich der Chef noch liebhat«, erläutere ich. Und dann mache ich Nägel mit Köpfen und rufe die Parole aus: »Fuck Feigenettigkeit!«

»Du meinst, du willst künftig auch mal draußen den Mund aufmachen und die einen Arsch heißen, die es wirklich sind?«, hakt er sicherheitshalber noch mal nach. Kurz wird mir ein bisschen schwummerig bei dieser konkreten Aussage. Aber genau das meine ich. Ich nicke wild und ernte einen enthusiastischen Like-Daumen.

Tschakka. Ich schaff das! Und genau deshalb kann mich die blöde Marktforschung jetzt mal kreuzweise. Das ist vielleicht ein kleiner Anfang, aber ein Anfang.

WELCHER FLUCH-TYP SIND SIE?

Fluchen ist nicht gleich fluchen. Der eine tut's hemmungslos und derbe, schießt dabei vielleicht ein wenig übers Ziel hinaus. Der andere verkneift es sich völlig, und schämt sich schon, wenn er statt Scheiße Scheibenhonig sagt. Der Nächste lässt seinen Ärger zwar raus, aber nicht dort, wo es passt. Ein gewisser Verbesserungsbedarf ist bei fast jedem vorhanden, bis man die Krone des souveränen, maßvollen und gerechten Königs von Fuckingen tragen darf. Und zu welcher Gruppe gehören Sie? Dieser Test gibt Hinweise:

1. In unmittelbar letzter Minute sagt ein Freund per unpersönlicher Nachricht grundlos eine Verabredung mit Ihnen ab. Wie reagieren Sie?

    a) Ich bin traurig und rufe aus Frust meine Mutter an. Ihre Einladung fürs Wochenende lehne ich mit der Begründung ab, dass sie nicht immer so verdammt vereinnahmend sein soll!
    b) Ich schreibe dem Wichser à la Klaus Kinski zurück, dass er eine dumme Sau ist!
    c) Ich antworte genauso kurz »o.k.«. Der ist für mich gestorben. Zack, bei Facebook entfreundet.

Welcher Fluch-Typ sind Sie?

2. Die Straßenbahn fährt Ihnen unmittelbar vor der Nase weg.

    a) Verdammte Scheiße! Aus Wut trete ich eine Beule in den Fahrkartenautomat.
    b) Ich summe Oooommmm vor mich bin, bis ich davon einen Tinnitus kriege.
    c) In der Wartezeit auf die nächste Bahn hole ich mir einen Kaffee am Kiosk und beschwere mich bei der Besitzerin darüber, wie dünn die Brühe ist, auch wenn sie eigentlich Tote erwecken könnte.

3. In der Arztpraxis lässt man Sie ewig warten, während später Eintreffende vorher drankommen (Ähnlichkeiten mit lebenden Autoren sind nicht beabsichtigt und ggf. rein zufälliger Natur).

    a) Ich gehe nach neunzig Minuten unverrichteter Dinge und vereinbare einen Termin bei einem anderen Arzt. Auf den muss ich nur sechs Wochen warten.
    b) Wofür gibt's WhatsApp? Ich schreibe meinem Partner, dass er ein Arsch ist. Schließlich ist er an allem schuld. Irgendwie.
    c) Jetzt reicht's! Ich hau auf die Theke und sage, dass ich dem Doc sein Fieberthermometer gleich quer in den Arsch schiebe, wenn ich nicht pronto drankomme!

4. Das Pfund Erdbeeren, das Sie auf dem Wochenmarkt gekauft haben, ist bis auf die obersten drei Früchte matschig und angefault.

a) Nächste Woche mach ich an dem Stand so Rabatz, dass da keiner mehr einkauft. Dann wird der Verkäufer wissen, was Erdbeermund wirklich bedeutet!
b) Was soll ich schon tun? Ich esse die drei Erdbeeren und mach mir anschließend ein Glas Apfelmus auf.
c) Dann wird aus dem Geburtstagskuchen für meine Freundin wohl nix. Die hat mir auch noch nie was gebacken. Ganz schön mies von ihr. Das sag ich ihr nachher bei der Party ins Gesicht!

5. Sie treten in einen Haufen Hundekot.

a) Mist. Ich streife den Schuh schnell an der Fußmatte der Nachbarn ab, die kann ich eh nicht leiden.
b) Verdammte Scheiße! Das war garantiert der Drecksköter von den Gerlachs. Ich sammle den Resthaufen auf und verteile ihn dekorativ auf der Motorhaube ihres weißen Q7.
c) Ach je. War ja klar, dass mir das passiert, ich bin halt ein Pechvogel. Der Tag ist gelaufen.

6. Sie können Ihr Portemonnaie nicht finden.

a) Das hab ich bestimmt verloren, weil ich immer so schusselig bin.
b) Oh Mann, das ist nur meine Schwester schuld, weil – aus Gründen. Die fallen mir schon noch ein.
c) Das wurde geklaut! Ich erstatte Anzeige bei der Polizei und erkläre den Blaumännern, dass sie ihren Job endlich anständig machen und unbescholtene Bürger schützen sollen!

Punkte:
Frage 1 = a: 3; b: 6; c: 0
Frage 2 = a: 6; b: 0; c: 3
Frage 3 = a: 0; b: 3; c: 6
Frage 4 = a: 6; b: 0; c: 3
Frage 5 = a: 3; b: 6; c: 0
Frage 6 = a: 0; b: 3; c: 6

0 bis 9 Punkte: Der Verkrampfer

Sie fluchen – eigentlich gar nicht. In Ihrem Kopf mahnt entweder ständig Mutters erhobener Zeigefinger und/oder Sie haben das Aggressionspotenzial einer Schildkröte. Entsprechend ziehen Sie sich bei Druck lieber in Ihren schützenden Panzer zurück, statt einfach mal lockerzulassen und auszusprechen, was Sie wirklich denken. Solange aber niemand erfährt, was Sie wirklich denken, wird sich an ärgerlichen Umständen auch nichts ändern, denn es weiß ja keiner, dass es überhaupt ärgerliche Umstände für Sie sind. Vielleicht regt dieses Buch Sie dazu an, die gute Erziehung/Hemmungen/den Schildkrötenpanzer ab und an zu vergessen und aus sich herauszutreten. Keine Sorge, es geht nicht darum, zum Monstermotzer zu mutieren, sondern einfach, sich gegen die täglichen Fuck-ups ein bisschen besser zu behaupten. Probieren Sie's aus, Stückchen für Stückchen. Sie werden erleben, dass es sich nicht nur großartig anfühlt, sondern dass Ihre Umgebung es auch durchaus zu schätzen weiß, Sie etwas besser kennenzulernen. Schildkröten lieben wir ja auch vor allem dann, wenn sie ihren Kopf zeigen, oder?

12 bis 24 Punkte: Der Verwechsler

Sie machen's wie ich: Wenn der Zahnarzt Sie warten lässt, kriegt es Göttergatte ab. Nun ja, da Sie wahrscheinlich seine Nummer nicht haben, geht der Fluch bzw. die Schimpftirade halt an

Ihre(n) Göttergatte*in. Oder an Mama. Oder an die beste Freundin. Oder auch nur an die eigenen vier Wände. Schlimmstenfalls bekommen den Ärger die Kinder und/oder Haustiere ab, aber eben nicht der, der ihn verdient. Das tut zwar irgendwie gut, weil Sie Ihren Frust zumindest nicht in sich hineinfressen. Aber im Grunde Ihres Herzens wissen Sie natürlich, dass Sie den Mist einem anderen vor die Schuhe kippen sollten (und wenn es im Zweifelsfall die eigenen Füße sind). Das erfordert deutlich mehr Courage, ich weiß. Aber dafür werden Sie auch endlich diesen unschönen »Feige!«-Stempel los, den ich mir auch irgendwann mal eingefangen hab. Und nein, Sie können mit Aceton dran herumschrubben, wie Sie wollen, er geht anders nicht ab.

27 bis 36 Punkte: Der Vergaloppierer
Huiuiui, in Sachen Fluchen, Luftmachen und Schimpfen macht Ihnen sicher kaum einer etwas vor. Wenn ich Sie persönlich kennen würde, hätte ich mir bei Ihnen bestimmt großartige Ideen fürs Schimpfwortknobeln abschauen können. Zu spät, aber vielleicht sind ja trotzdem noch ein paar Begriffe dabei, die Sie nicht kennen. Es ist klasse, dass Sie aus Ihrem Herzen keine Mördergrube machen. Aber zwischendurch entspannt es auch, einfach mal 'nen Gang zurückzuschalten. In gravierenden Situationen ist Ausflippen total okay und gesund. Sämtliche Dämonen der Zwischenwelt zu beschwören, nur weil Schalke in der ersten Halbzeit 0:1 gegen Dortmund zurückliegt (oder umgekehrt, oder gegen Bayern, oder beim Handball, Eishockey, Rhythmischer Sportgymnastik – Sie wissen schon), das kann jedoch ein bisschen too much sein. *Einfach mal Fuck sagen*, das heißt in Ihrem Fall eben nicht, den Mut für dieses Wörtchen und die Haltung dazu aufzubringen, sondern sich darauf zu beschränken und für Momente aufzubewahren, in denen es angebracht ist. Damit sich die Wirkung voll entfaltet und nicht abnutzt.

FUCKTEN-CHECK KAPITEL 1

Fluchen ist wirklich so eine Sache. Es gibt tausend Gelegenheiten, in denen man eigentlich ab- bzw. sich auskotzen sollte. Aber man geht ihnen aus dem Weg, weil man sich darin unsicher fühlt, Angst hat, Sympathien aufs Spiel zu setzen; schlicht fürchtet, sich unbeliebt zu machen. Dann hält man entweder den Mund und wartet in der Hoffnung auf bessere Zeiten auf Godot oder man lässt seinem Frust freien Lauf – aber an der falschen Stelle, weil wir uns eben nur da trauen. Viele dieser Situationen passen hervorragend in die Schublade »Feigenettigkeit«. Alternativ tun's auch die Fächer *feigehöflich* und manchmal schlicht *feigeblöd*. Egal, ob sich Diana die Kohle aus der Tasche ziehen lässt, ich beim Zahnarzt nicht den Mund aufmache (am Empfang natürlich, auf dem Stuhl schon) oder die Kollegin eher drei Jahre die Pille durchnimmt, als sich regelmäßig *obs* zu kaufen.

Wie sehen Ihre *Hmneeliebernichts* aus?

Zum Beispiel:
- das Auto volltanken (ich kenne tatsächlich viele, die das zutiefst hassen!)
- Fußpilzsalbe in der Apotheke holen
- den Pulli umtauschen, weil er nicht passt oder sich nach der ersten Wäsche etliche Fäden lösen
- _____
- _____
- _____

Super, Gefahr erkannt, Gefahr – na ja, noch nicht wirklich gebannt. Aber Sie bekommen jetzt als Hausaufgabe, sich mindestens einem Ihrer *Hmneeliebernichts* mit der Parole »Fuck Feigenettigkeit« (bzw. -höflichkeit, -blödheit) zu stellen und sich nicht mehr darum zu drücken. Jep, das kann heißen, dass Sie sich in den nächsten Wochen viele Pullis kaufen müssen. Aber das macht nichts, denn Sie tauschen die Teile ja wieder um!

Je öfter Sie sich trauen, desto einfacher wird's. Und es kommen noch ein paar Gelegenheiten, bei denen wir das Motto selbstbewusst vertreten müssen. Da ist Übung unerlässlich …

Während wir manchen unangenehmen Situationen weitmöglichst dem Weg gehen, laufen wir in andere völlig beabsichtigt und immer wieder hinein, obwohl sie in schöner Regelmäßigkeit zu orangefarbenen Haaren/Depressionen/Grillanzündern/_____ führen. Warum? Weil wir eine Idealvorstellung von uns selbst im Kopf haben, der wir unbedingt näherkommen wollen.

Wenn ich nur irgendwann die blonden Haare und die Figur von Jacobsmuschi habe, dann klappt's auch mit der Karriere ~~und dem sexy Lover~~. Wenn mein Haushalt ausschaut wie ein Katalog der Möbelmesse und meine Kuchen so werden wie die von Cynthia Barcomi, dann haben mich alle anderen viel doller lieb, die Eltern sind stolz auf mich und es gibt das Bundesverdienstkreuz am Band.

Ist das so? Tatsächlich heißt die überwiegende Haarfarbe von Frauen in Schlüsselpositionen der Wirtschaft und Politik nach Recherche der Zeitschrift *Business Insider* blond. Eine Studie der University of Westminster hingegen zeigt, dass dunkelhaarige Frauen für attraktiver und intelligenter gehalten werden. (Die Wirkung von möhrenfarbigen Damen wurde nicht geprüft.) Ich bin nun mal brünett und hatte ehrlicherweise auch nie die Absicht, Staatsoberblondhaupt oder Chefin von Yahoo zu werden. Und könnte ich wirklich backen wie Cynthia Barcomi, hätte ich vermutlich vierundzwanzig Stunden täglich Gelegenheit, meinen bestens durchorganisierten Haushalt zu bewundern, weil ich nicht mehr durch die Tür nach draußen passen würde.

Fuckten-Check Kapitel 1

Es ist die Sehnsucht nach dem perfekten Leben, das wir dann führen werden, wenn wir selbst, nach eigenen subjektiven Maßstäben, perfekt sind. Vergessen Sie's. Sie sind nicht perfekt, ich bin es nicht, das Leben ist es gleich dreimal nicht. Und wofür braucht man ein Bundesverdienstkreuz?! Eben.

Sie sollten öfter mal »Fuck« sagen, das steht Ihnen!

Schicken Sie vermeintliche Vorbilder, denen Sie nacheifern, zur Hölle, in die Wüste, zum Teufel oder dahin, wo der Pfeffer wächst. Fuck you, Idealvorstellung!

Sei du selbst, denn alle anderen gibt es schon.
OSCAR WILDE/SIDO

Und jetzt halten Sie mal kurz inne und überlegen Sie sich, worin Sie gut sind, also zum Beispiel im Fotografieren, Tanzen, Bügeln, Zuhören (nein, Feigenettigkeit ist KEIN Talent!) …

♥ _____

♥ _____

♥ _____

♥ _____

♥ _____

Jetzt listen Sie auf, worin Sie weniger gut bis miserabel sind, zum Beispiel im Backen, Malen, in Mathematik, im Haare frisieren (nein, Pulli umtauschen und tanken haben auf dieser Liste nichts verloren!)

(Don't) Fuck me

FUCK _____

FUCK _____

FUCK _____

FUCK _____

FUCK _____

Wie wär's, wenn Sie sich davon verabschieden, dass Sie in den FUCK-Tätigkeiten jemals eine Leuchte werden? Und die dadurch freigewordene Energie künftig stattdessen in Ihre ♥-Eigenschaften bzw. Talente stecken? Denn was man gern tut, kann man im Regelfall auch überdurchschnittlich gut. Ich lasse mich eben lieber von anderen zur Himbeertorte einladen und bin dafür aber gar nicht schlecht im Lackieren, Streichen, Malern. Und Spaß macht's mir auch noch. (Aber wehe, mir läuft Farbe unters Abklebeband. Dann wird geflucht, dass es bis ins Nachbarkaff zu hören ist!)

KAPITEL 2

FUCK IM ALLTAG

AUF DER STRASSE DER NEANDERTALER

Es stimmt schon irgendwie, was Göttergatte sagt: Seit dem *Du solltest öfter mal »Fuck« sagen, das steht dir* bin ich im Straßenverkehr über das zaghafte »Wichser« von früher deutlich hinausgewachsen. Ihm ein wenig zu sehr, zumal er aufgrund einer Augenerkrankung in etwa über die Sehkraft eines Maulwurfs verfügt und von daher öfter das zweifelhafte Vergnügen hat, von mir herumkutschiert zu werden.

Irgendwann, nach einer Horrorfahrt mit Dunkelheit, Vollsperrung und strömendem Regen, habe ich ihm deshalb verklickert, dass das gar nicht ich selbst war, die da das Lenkrad in der Hand hielt und ständig Tourette-artige Verwünschungen ausstieß. Sondern der dunkle Teil meiner Persönlichkeit, den nun mal jeder hat. Das Freudsche Es. Ich nenne es meine böse Zwillingsschwester.

Deren Existenz hat sich mittlerweile herumgesprochen; sind wir abends mit Freunden unterwegs, bietet daher meist entweder freiwillig jemand anderes den Fahrdienst an – oder meine Mitreisenden haben vor, eine größere Menge Baldrian/Alkohol/

universelle Lebensenergie oder andere beruhigende Substanzen zu konsumieren. Solange sich keiner auf den Rücksitz erbricht, ist das für mich okay.

Eine besondere Herausforderung im Auto stellen allerdings Chefs, Kollegen, Kunden oder der Steuerprüfer dar. Sie wissen schon, im Groben eben alle Menschen, bei denen man möglichst einen halbwegs seriösen Eindruck hinterlassen möchte. Hier funktioniert das Vorschieben einer bösen Zwillingsschwester nur begrenzt. Was also tun? Es gibt da mehrere Möglichkeiten:

#Drauf pfeifen Sie sind cool, stehen zu Ihren verbalen Entgleisungen und leben damit, dass Sie als Arbeitnehmer wohl keine größeren Karrieresprünge mehr machen werden. Oder dass Ihre Schwiegereltern niemals wieder mit Ihnen in Urlaub fahren möchten. Oder dass Sie never ever als Babysitter für die Nachbarn infrage kommen werden. (Alles hat auch sein Gutes. Und meinen Respekt gibt's noch als Bonus oben drauf.)

#Zähneknirschen Sie verkneifen sich schweren Herzens alle bösartigen Äußerungen und pressen vorsichtshalber Ober- und Unterkiefer so fest zusammen, dass Ihnen der Zahnarzt (nach langer Wartezeit) beim nächsten Besuch eine schicke Plastikschiene anpasst, die andere nachts und Sie bei künftigen Mehrpersonenfahrten tragen können.

#Schimpfwortknobeleinmaleins Sie stellen sich Ihre Lieblings-Beleidigungen aus der Würfelliste am Schluss dieses Buchs zusammen und lernen die jeweiligen Plätze auswendig. »7 × 10!« zischen Sie zum Beispiel, wenn Ihnen jemand die Parklücke wegschnappt, »11 × 9« nennen Sie den Trottel, der die Beschleunigungsspur für einen Rastplatz hält.

#Verniedlichung Sie erarbeiten sich rechtzeitig Tarnausdrücke für kritische F-Worte wie Fuck, Ficker, Fotze oder Furzhirn. Das geht wirklich; ein bisschen Training im Vorfeld ist aber sinnvoll. Versuchen Sie's doch mal mit »chens« und »leins«. Also Herzchen, Liebelein, Schätzchen. Sie ahnen nicht, wie wunderbar verachtend man die aussprechen kann!

Es ist aber auch wirklich ein Phänomen: Unsere Welt ist voll mit großartigen, kompetenten, weitsichtigen und toleranten Menschen. Außer Ihnen und mir müssen die jedoch alle Fußgänger sein. Denn im Straßenverkehr trifft man nicht einen von diesen gut gelungenen Exemplaren der Gattung Homo sapiens. Stattdessen Amöben allerorten. Gehen Ihnen diese Einzeller, die auf der Mittelspur konstant hundert Stundenkilometer fahren, egal ob sie rechts von den LKWs überholt werden, auch so auf die Nerven? Oder fürchten Sie mehr die anderen Wechseltierchen, die einen auf der linken Spur, wenn man schon zwanzig Stundenkilometer schneller fährt als erlaubt, wild in eine Panikattacke hineinlichthupen? Ich leide jedenfalls am heftigsten während der Amöben-Volkszählung – im Stau.

Wie schief das gehen kann, wissen Sie, wenn Sie den Film *Falling Down* mit Michael Douglas gesehen haben. Ein Stau auf der A5, als ich gerade auf dem Weg zu einem Vorstellungsgespräch war, hätte meiner Existenz fast mal eine ähnliche Wendung beschert. Dieses Gefühl, wie der Puls mit jedem Blick auf die Uhr steigt, während die Chance auf die neue Stelle mit jeder weiteren Minute Stillstand sinkt. Kommt Ihnen bekannt vor?

Dem ein oder anderen mag jetzt eine Meditation helfen. Oder in Gedanken Mandalas ausmalen. Ich halte mich eigentlich gern an Qigong: Da summt man heilende Laute. Das wirkt, wirklich! Sie müssen einfach nur *sehr laut* summen. Mit offenem Mund. Sich heiser zu schreien, ist vor einer Bewerbungsplauderei aber eher ungünstig, weil man dann hinterher nur flüsternd darlegen kann, warum man für den Job geeignet ist. Fiel also flach.

Irgendwann erinnerte ich mich an eine Antistaustresstaktik aus Kindertagen. Kennen Sie auch noch das alte Spiel, aus den Kennzeichen der vorbeifahrenden Autos Sätze zu formen? Damit kann man sich hervorragend abreagieren und ablenken: Statt Sätzen bildet man Schimpfwörter.

Schon wird die eben noch anonyme Welt um einen herum viel persönlicher: Ich befand mich in Gesellschaft diverser hohlköpfiger Deppen (HD, sorry, liebe Heidelberger) und kranker Asphaltwanzen (KA, nehmt es mir nicht übel, Karlsruher). Eine Flasche aus Frankfurt (F) war mit dabei und sogar eine kölsche Kackbratze (K). Je länger der Stau andauerte, desto kreativer wurde ich – als ich schließlich die asoziale Straßen-Zecke (ASZ steht für Aue-Schwarzenberg, wie ich später herausfand) entdeckte, wurde der Verkehr langsam flüssiger. Leider kam ich so nicht mehr dazu, mir zu CUX etwas einfallen zu lassen, aber vielleicht haben Sie ja mal im Stau Gelegenheit dazu ...

Die Geschichte nahm tatsächlich ein gutes Ende: Ich bekam den Job trotz deutlicher Verspätung. Vielleicht hing es damit zusammen, dass meine Nervosität und Hibbeligkeit im wahrsten Sinne des Wortes auf der Strecke geblieben waren, denn die hatte ich gänzlich weggeflucht. Und was kann einem schon ein murkeliger kleiner Personalchef anhaben, wenn man das Assessment-Center der Straße bestanden hat ...?

Sie haben Lust, sich schon mal auf die nächste bevorstehende Blechlawine einzustimmen? Dann los, was fällt Ihnen ein zu:

ABI (Landkreis Anhalt-Bitterfeld)?

———————————————————————

BÜS (Gemeinde Büsingen am Hochrhein)?

———————————————————————

CO (Coburg)?

———————————————————————

DÜW (Bad Dürkheim)?

———————————————————————

EE (Elbe-Elster)?

———————————————————————

FLO (Landkreis Mittelsachsen)?

———————————————————————

GZ (Günzburg)?

———————————————————————

HX (Höxter)?

___

IN (Ingolstadt)?

___

JÜL (Jülich)?

___

KÖT (Köthen)?

___

LU (Ludwigshafen)?

___

MI (Minden-Lübbecke)?

___

NVP (Nordvorpommern)?

___

OCH (Ochsenfurt)?

___

PF (Enzkreis und Pforzheim)?

_____

QLB (Quedlinburg, nicht jammern!)?

_____

ROW (Rotenburg/Wümme)?

_____

SG (Solingen)?

_____

TÜ (Tübingen)?

_____

UM (Uckermark)?

_____

VEC (Vechta)?

_____

WHV (Wilhelmshaven)?

_____

X (Bundeswehr für Nato-Hauptquartiere)?

_____

Y (Bundeswehr)?

_____

ZZ (Burgenlandkreis)?

_____

Einer meiner besten Freunde, heißblütiger Sizilianer mit dem typisch italienischen Namen Gregor, flucht im Auto, dass einem die Ohren wackeln. Wenn Sie für den nächsten Urlaub am Lago Maggiore ein bisschen lokale Mundart trainieren möchten, vermittele ich Ihnen gern den Kontakt. Denn schon eine halbe Stunde auf Gregors Beifahrersitz vermittelt Ihnen faszinierende Kenntnisse der italienischen Sprache, die Sie an der Volkshochschule garantiert *nicht* lernen.

Coglione ist für Gregor der Typ, der an der grünen Ampel schläft, auch wenn ich persönlich »Vollidiot« dafür ein wenig zu hart finde. *Cretino*, einen Trottel, nennt er den Vorfahrenden, der eine Gruppe Schulkinder am Zebrastreifen durchlässt, statt zügig drüberzubrettern. Ein *pezzo di merda* (Mistkerl) fängt man sich ein, wenn man Gregor den Parkplatz vor der Nase wegschnappt.

Das Ganze klingt so leidenschaftlich und temperamentvoll, dass es, von außen betrachtet, definitiv einen gewissen Charme hat. Kein Wunder, denn Experten zufolge schimpfen wir nur in unserer Muttersprache wirklich authentisch – und fühlen uns auch in erster Linie von Begriffen der eigenen Sprache beleidigt. Ein von fuchtelnden Armen begleitetes Gregorsches *stronzo* treibt uns hierzulande daher eher ein Grinsen ins Gesicht als Tränen in die Augen.

Entsprechend flucht Gregor, wenn er in direkten Dialog mit einem anderen Verkehrsteilnehmer tritt, auf Deutsch. Denn dann möchte er natürlich, dass seine Mitteilung eins zu eins verstanden wird. Kürzlich griff er bei einer solchen Botschaft ziemlich tief ins Klo; sein auf der Kreuzung geäußertes »Ast du deine Führerschein in die Baumschule gemacht, du Idiottte?« ging direkt an einen Polizisten in Zivil. Trotz seines charmanten italienischen Akzents kam ihn der Idiot teuer zu stehen: Solche Begriffe, egal wie zutreffend sie – zumindest subjektiv empfunden – sein mögen, erfüllen nämlich häufig den Straftatbestand der Beleidigung (übrigens überall, nicht nur auf der Straße!).

Bringt der Idiot diese zur Anzeige und hat er dafür womöglich noch einen Zeugen, kann das nicht nur vierstellig kosten, sondern sogar mit einer Freiheitsstrafe bis zu einem Jahr geahndet werden. Zum Glück kommt es dazu in der Regel nur bei Wiederholungstätern. Findet die Beleidigung allerdings in der Öffentlichkeit statt, gegenüber Dritten, ist besonders ehrenrührig oder schädigt gar das öffentliche bzw. berufliche Ansehen einer Person, kann das Urteil sogar auf bis zu drei Jahre Gefängnis lauten!

Glück für Gregor, dass man seit einigen Jahren für Beleidigungen zumindest keine Punkte in Flensburg mehr kassiert; die werden nur noch für sicherheitsrelevante Verkehrsverstöße verteilt. »Ansonsten hättest du jetzt wahrscheinlich sagen müssen ›isch aabe gar keine Auto‹«, witzele ich und kann Gregor nur mit Mühe davon abhalten, den *maledetto tagliagole* (verdammten Halsabschneider) auf der Wache anzurufen, als er seinen Strafbefehl erhält. Holla, ganz schön viel Geld für ein bisschen Leidenschaft …

Schimpfen im Auto ist an sich eine feine Sache und kann sowohl sehr kurzweilig als auch total erleichternd sein, nicht nur vor Vorstellungsgesprächen. Allerdings sollte man sich auf solche Momente beschränken, in denen man sich außerhalb der Hörweite derer befindet, die man zur Schnecke macht. Zumindest ist das definitiv die günstigere Alternative. Sie haben rechtzeitig vor Fahrtantritt Ihr Nummernschild abgeklebt oder gehören zu denen, die noch ein paar Fünfhundert-Euro-Scheine vor der Abschaffung loswerden wollen? Na dann, viel Vergnügen …

Ich verkneife mir nach dem letzten Radarfallenfoto potenziell teure Beleidigungen lieber. »Da, siebzig Euro«, hatte Göttergatte mir den Wisch inklusive unvorteilhafter Schwarz-Weiß-Aufnahme auf den Schreibtisch gelegt und maliziös lächelnd gesagt: »Leite es doch einfach an deine böse Zwillingsschwester weiter.«

3 × 9, du Herzchen!!!

Ein paar Beispiele dafür, wie teuer Schimpfwörter werden können:

Wörter und Sprüche	Euro
Arschloch	1500
Alte Sau	2500
Idiot	1500
Bei dir piept's wohl	750
Bekloppter	250
Blödes Schwein	500
Bullenschwein (zu einem Polizisten)	1000
Dumme Kuh	300-600
Wichser	1000
Spinner (zu einem Polizisten)	1600

(Fieses) Miststück	2500
Schlampe	1900
Leck mich!	300

Gesten	**Euro**
Vogel zeigen	750
Stinkefinger	bis zu 4000
Zunge rausstrecken	150
Scheibenwischer-Geste	1000

Vorsicht: Das ist nur eine lose Sammlung von beispielhaften Beleidigungen und den dazu vom Gericht in Einzelfällen verhängten Strafen. Leider existiert keine einheitliche Schimpfwortliste, die zuverlässig verrät, was die spezifische Verwünschung kostet. Schade eigentlich, sonst könnten wir uns schon im Vorhinein überlegen, ob die jeweilige Bemerkung die Kohle wert ist. Die Tatumstände (wie viel Öffentlichkeit war beteiligt?) sowie der individuelle Nettoverdienst des Bestraften (entscheidend für die Bemessung der Tagessätze) sind für die Höhe der entsprechenden Strafe ausschlaggebend.

LEBEN IN DER WARTESCHLANGE

Sind Sie ein geduldiger Mensch? Ich leider nicht. Und als wolle mir das Leben ständig ungefragt eine Lehrstunde in Wartenkönnen erteilen, stehe ich garantiert immer an der falschen Kasse. Wenn Sie mich mal im Supermarkt entdecken, sehen Sie bloß zu, sich an ein anderes Warenband zu stellen. Bei mir gehen der Kassiererin garantiert die Cent-Stücke aus, und bis neue organisiert sind, dauert's. Der Kunde vor mir hat seine Paprikaschoten nicht abgewogen, die Bonrolle endet und muss ausgewechselt werden – und bis die alte Dame mit der Flasche Sherry die 7,99 Euro dafür abgezählt hat, ist die Fürst-Pückler-Rolle geschmolzen und der Joghurt wölbt seinen Deckel.

In Frauenmagazinen stehen glücklicherweise immer total gute Tipps, wie man die Zeit, bis das Kassenzettelband wieder eingespannt ist und man endlich selbst sein Portemonnaie zücken soll, sinnvoll nutzen kann. Etwa im Kopf die neu gelernten Vokabeln aus dem Babbel-Kurs durchgehen. Ich frische alternativ bei Aldi, Edeka und Rossmann regelmäßig mein Italienisch auf. Genau, das aus den Fahrtzeiten mit Gregor.

Auch eine großartige Anregung ist das Training des Beckenbodens in der Schlange. Anspannen, halten, loslassen. Ganz unbemerkt von anderen verbessern Sie so gleichzeitig Potenz und Kontinenz. Ist das nicht toll? So oft, wie ich irgendwo anstehe, könnte ich dann im Nebenjob wahrscheinlich als Zitronenpresse arbeiten. Mein absoluter »Machen Sie das Beste aus Wartezeiten«-Liebling ist aus dem *Karriereblog*:

Denken Sie an etwas Schönes, beispielsweise daran, was gerade richtig gut in Ihrem Leben läuft, oder denken Sie über lustige Situationen nach. Lassen Sie diese angenehmen Gedanken zu. Ihr Körper wird darauf mit der Ausschüttung von Glückshormonen reagieren, was Ihre Stimmung sofort wieder heben wird.

Wer denkt sich so was aus?! Am besten kombiniert man wahrscheinlich beides: Erst trainiere ich meinen Beckenboden, anschließend rufe ich die Glückshormone herbei – und wenn ich meine Waren dann bezahlt habe, brauche ich eine Zigarette ...

Auf diese Weise ist man nach dem Wochenendeinkauf für eine vierköpfige Familie bestimmt fit für den Tantraclub!

Falls Ihnen Tantra schnurz ist, machen Sie's doch wie ich – und Ihrem Frust einfach in der Schlange Luft. Dass es durch Schimpfen schneller vorangeht, kann ich Ihnen zwar nicht versprechen; zumindest steigt damit aber die Chance auf einen unterhaltsamen kleinen Flirt in der Wartezeit. Denn wie eine Studie der Psychologen Kristin und Timothy Jay vom Massachusetts College of Liberal Arts ergab, verfügen fluchende Menschen über einen ausgeprägteren Wortschatz als brave Schweiger und erscheinen uns deshalb intelligenter. Auch unsere Attraktivität steigt durch sparsam dosiertes, eloquentes und pointiertes Fluchen – und das gilt für beide Geschlechter. Wenn also klassisches Flirten im Rewe bei Ihnen bisher nicht zum Erfolg führte, probieren Sie's doch mal so. Vielleicht ist ja eine herzhafte Verwünschung der Beginn der großen Liebe? Oder zumindest einer mittelgroßen? Dann können Sie sich die Sache mit dem Tantra ja immer noch anders überlegen.

Da höflichen Engländern, den erklärten Queens und Kings der Queue, diese Anbahnungschance verwehrt bleibt, haben die gleich eine Alternative erfunden: *Speed Hating*. Haben Sie noch nie von gehört? Macht nix, das Prinzip ist rasch erklärt. Wie beim bekannten *Speed Dating* treffen hier in schnellem Wechsel unbekannte Menschen aufeinander, die nach einem wenige Minuten dauernden Kennenlernen hinterher per Kreuzchen auf einem Zettel entscheiden, ob sie sich sympathisch finden und gegebenenfalls wiedersehen möchten, für länger als zweihundertvierzig Sekunden oder so. Während bei der herkömmlichen Beschnüffel-Variante meist lächelnd Nettigkeiten ausgetauscht werden, beinhalten die Themen beim *Speed Hating* ausschließlich alles, was man nicht leiden kann und worüber man sich aufregt. Und wenn man dann feststellt, dass das Gegenüber Bahnverspätungen, Katzen und Dauerregen genauso hasst wie man selbst, dann ist der Seelenverwandte schon gefunden. So kann's gehen. Bevor Sie jetzt anfangen, über bloody Briten zu lästern: Das gibt's in Deutschland auch schon seit einigen Jahren.

Meine Nachbarin Melly hat ihren Traummann Mirko glücklicherweise schon gefunden; sie haben sich bei der Arbeit kennengelernt. Die beste Gelegenheit, denn da konnte sie ihm nicht aus Verlegenheit aus dem Weg gehen, wie es eigentlich sonst ihrer Art entspräche. Zu fluchen ist gar nicht Mellys Ding; wenn sie sich so richtig ärgert, sagt sie Sätze wie »das ist aber nicht schön«. Oder, wenn es ganz dicke kommt, »das finde ich wirklich ärgerlich«. Da wo andere schon mit entgleistem Blutdruck im Krankenhaus landen, stößt Melly einen tiefen Seufzer aus und macht eventuell eine Faust. Trotzdem regt sie sich über bestimmte Dinge auf, nur unterscheidet sich ihr Ausdruck halt gravierend von meinem und dem der meisten anderen Menschen, die ich kenne.

Nicht schön findet Melly zum Beispiel, dass sie auf Stadtfesten, der Kirmes und bei anderen Gelegenheiten, zu denen man sich mit Limo oder Bier oder Krähenblut von einem Getränkestand versorgt, verdursten würde – wenn nicht Mirko, ich oder sonst wer, mit dem sie gerade unterwegs ist, die vollen Becher organisiert. »Schick Melly auf dem Weihnachtsmarkt zum Glühweinstand, dann kommt sie Ostern dran«, ziehen wir sie gern auf. Es ist, als hätte sie ein Post-it auf der Stirn pappen, auf dem zu lesen ist »nein, ich möchte nichts bestellen, ich steh hier nur rum«.

Melly schimpft selbst dann nicht in der Kassenschlange, wenn ihr Hintermann bereits zum siebten Mal mit dem Einkaufswagen ihre Achillessehne attackiert. Sie notiert sich dann eher gedanklich »im *Real* keine Flip-Flops anziehen«. Mich hingegen, die ich neben ihr stehe, treibt es in den Wahnsinn, wenn ich sehe, wie ihre Ferse wieder zu bluten beginnt. Den Typen anmaulen, dass er seinen Wagen gefälligst etwas filigraner steuern soll, will ich aber auch nicht: Melly ist schließlich erwachsen und nicht entmündigt.

»Sag mal, findest du es nicht scheiße, dass man dir andauernd in die Hacken fährt?«, platzt es schließlich trotzdem laut aus mir heraus, nachdem ich meinen Beckenboden in einen ausgewachsenen Krampf trainiert habe. Melly wird rot bis unter die Haarwurzeln, nickt aber. »Doch, schon«, gibt sie leise zu, ohne sich umzudrehen.

»Oh, Entschuldigung, war ich das?«, fragt der Stockcar-Pilot hinter ihr darauf erschreckt. »Das ist mir wirklich unangenehm, ich war wohl so in Gedanken, dass ich das gar nicht bemerkt habe.« Wahrscheinlich ist er im Kopf Vokabeln durchgegangen oder hat verzweifelt versucht, seine Dopamin-Ausschüttung anzukurbeln. Seine Entschuldigung nimmt Melly jedenfalls lächelnd an und bleibt den Rest der Wartezeit von weiteren schmerzhaften Stößen verschont. Beim Verstauen der Taschen in meinen Kofferraum gesteht sie, wie gern sie eigentlich selbst etwas gesagt hätte. Aber Schubser und Vordrängler persönlich anmotzen, das kann sie nicht. *Obwohl sie beides wirklich ärgerlich findet!*

»Musst du doch auch gar nicht«, sage ich.

Natürlich gibt es die klassischen Alpha-Arschlöcher, die sich ohne Rücksicht auf Verluste durchkämpfen, egal wie viele blutige Hacken und verärgerte Mitmenschen sie auf ihrem Weg hinterlassen. Bei denen hilft aber auch eine individuelle Ansprache nicht, die muss man schon kräftig gegen's Schienbein treten, wenn man sie aufhalten möchte. Glücklicherweise sind diese ätzenden Zeitgenossen aber klar in der Unterzahl.

Bei den meisten Nervensägen, nicht nur in Warteschlangen, handelt es sich lediglich um Beta-Ani (das ist wirklich der Plural von Anus), die entweder gedankenlos sind oder ein wenig zu schummeln versuchen. Auch *nicht schön*, keine Frage – aber diese Kandidaten sind keine skrupellosen Psychopathen. Stellt man deutlich in den Raum, dass man sie bei ihrem Fehlverhalten ertappt hat, reagieren sie deshalb meist peinlich berührt mit einem »ups, sorry, das wollte ich ja gar nicht«.

»Du meinst, wenn ich einfach sage, dass manche sich aber auch immer vordrängeln müssen, dann stellen die Leute sich demnächst hinter mir und nicht mehr frech von der Seite an?«, will Melly wissen, nicht überzeugt.

»Es würde sicher nicht schaden, wenn du noch eine kleine Schippe drauflegst, und zum Beispiel ein ›verdammt noch mal‹ dazupackst, aber teste es doch einfach bei Gelegenheit«, antworte ich, während sie auf meinem Beifahrersitz Platz nimmt.

»Na, dann höre ich dir jetzt auf der Fahrt zurück nach Hause mal ganz besonders gut beim Fluchen zu, dann krieg ich bestimmt genug Anregungen«, erwidert sie trocken und fixiert ihren Anschnallgurt.

Einige Tage später klingelt mein Telefon, Melly ist dran. »Magst du auf ein Stück Himbeertorte rüberkommen?«, fragt sie, und ich würde sie am liebsten küssen. »Bin schon auf dem Weg!«

Während sie Kaffee macht und die Stücke auf Tellern drapiert, erzählt sie von ihrem Erlebnis an der Bäckertheke, wo sie den appetitlich aussehenden Kuchen gekauft hat. »Ein älterer Herr hat sich einfach vor mich gestellt. Da hab ich dann so vor mich hin gesagt »Rentner haben es ja immer verdammt eilig«. Und als die Verkäuferin fragte, wer denn jetzt an der Reihe sei, deutete er auf mich und meinte »ich glaube, die Dame ist vor mir dran!«, schildert Melly beglückt und zwinkert mir verschmitzt zu. »Da fand ich mich so klasse, dass ich eine Portion Belohnungs-Sahne mitgenommen hab. Willst du auch welche? Denn im Grunde hast du sie ja verdient, du bist schließlich die Fluch-Meisterin.«

Nun ja. Dass ich davon noch ein gewaltiges Stück entfernt bin, erzähle ich Melly jetzt nicht. Stattdessen freue mich über ihren Durchbruch, zu dem ich ja auch ein kleines bisschen beigetragen habe. Erfolgsgarantien gibt's aber nicht: Fluchen und das Benutzen von Kraftausdrücken kann natürlich auch mal schiefgehen, in der Warteschlange so wie anderswo. Im Ernstfall holt man sich vielleicht mal eine (verbale) Beule, kriegt von Heidi kein Foto und vom Bachelor keine Rose. Dafür gehören aber Fersenpflaster und Magengeschwüre der Vergangenheit an. Und das ist pures Glück, denn sonst könnte man Himbeertorte mit »au ja, Sahne!« schließlich gar nicht genießen!

BEDIENT IM RESTAURANT

Kürzlich führte mich Göttergatte aus. In ein neues Restaurant, das wir schon länger ausprobieren wollten. Also eigentlich er. Denn, ich gebe es zu, was Essen angeht, bin ich wenig experimentierfreudig. In meinem Lieblingschinarestaurant zum Beispiel aß ich über einen Zeitraum von rund fünfzehn Jahren ausschließlich die 16 und die 80 (Frühlingsrolle Loempia und knusprige Hähnchenbrust süß-sauer). Als ich dann nach zehnjährigem Exil in Baden-Württemberg wieder zurück ins Rheinland zog, stand ich irgendwann bedröppelt und hungrig vor einer abgerissenen Häuserzeile, in der sich mal mein *Peking* befunden hatte. Traurig, so was.

Nun saßen wir also in besagter frisch eröffneten Brasserie. Göttergatte bestellte sich irgendwas Fleischiges. Ich hatte eine Folienkartoffel und einen Salat geordert. Dabei, so dachte ich, kann man schließlich nix verkehrt machen. Von wegen. Das Essen servierte ein Kellner, der auf den ersten Blick ein bisschen muffelig schien. Auf den zweiten wurde dann klar, dass er einfach nur ziemlich arrogant war und keinen Bock auf uns als Gäste hatte. Göttergatte, der für die stimmlichen Schwingungen von Dienstleistern nur bedingt über Antennen verfügt, ignorierte das und kaute, dem Gesichtsausdruck zu urteilen, relativ zufrieden auf seinem toten Tier herum. Ich hingegen ärgerte mich über das Verhalten des Obers und nahm grummelig einen Bissen von meinem Salat.

Eigentlich gehöre ich zu den Salzjunkies und halte mir regelmäßig die Ohren zu, wenn über die negativen Folgen des übermäßigen Genusses geredet wird. Ich brauche Salz, viel davon – aber diese Salatsoße ließ darauf schließen, dass der Koch nicht nur einfach schnöde verliebt war, sondern unmittelbar vor der Zubereitung auf seine ultimative Allzeit-Seelenverwandte gestoßen sein musste. Womöglich beim *Speed Hating*.

Um den pH-Wert in meiner Mundhöhle zu neutralisieren, schob ich schnell einen Löffel Kartoffel hinterher – die jedoch schwer zu kauen, weil fast noch roh war. Nachdem ich alles mit Ginger Ale runtergespült hatte, ließ ich meinem Ärger über die offensichtliche Talent- und Kenntnisfreiheit des Küchenteams freien Lauf. Vermutlich war das hier die Sammelstelle für von *Die Küchenprofis* ausgesonderte hoffnungslose Fälle oder so. Göttergatte probierte ebenfalls von meinem Teller und urteilte: »Das kann man echt nicht essen. Lass das zurückgehen.«

Hmmmmm. *Hmneeliebernicht.* Sicher, von außen betrachtet wäre das schon irgendwie das Naheliegendste gewesen. Von innen betrachtet war ich aber nun mal ich. Außerdem wirkte keiner der anderen Gäste, als hätte er die Salzbergwerke von ganz Bad Reichenhall auf dem Teller. Und niemand schien seine Bissen wiederzukäuen. Wahrscheinlich lag es doch eher an meinem merkwürdigen Geschmackssinn. Oder der Koch war gar nicht glücklich verliebt, sondern machte gerade eine schwere Zeit durch, vielleicht gar ein Todesfall oder so, und dann würde ich noch – »Alles okay?«, hatte der Kellner gelangweilt mitten in meine Gedanken hineingefragt und war so schnell weitergegangen, dass er mein lächelndes Nicken gar nicht mehr mitbekam. Jemand anderes dagegen schon. »Was sollte denn das? Dein Essen ist doch ungenießbar. Warum sagst du das nicht?!« Göttergatte, ich erwähnte es, glaube ich, bereits, ist einer der Menschen, die mit dem Prinzip der Feigenettigkeit überhaupt nichts anfangen können. Wenn es darum geht, Leuten die Wahrheit auf den Kopf zu und seine Meinung zu sagen, ist er nahezu schmerzfrei. Und wie ich instinktiv erwartet hatte, schien er meiner Argumentationskette bezüglich des vermutlich trauernden Küchenchefs gegenüber nicht sehr aufgeschlossen. Stattdessen rief er den Garçon herbei, der in staatsmännisch gemäßigtem Schritt auf uns zukam. »Noch 'n Kölsch?«

Ein gezielter Tritt unter dem Tisch, und ich erklärte, dass, na ja, leider das Essen irgendwie, also, hm, der Salat doch ein bisschen sehr salzig und die Kartoffel nicht so gaaanz richtig fertig gegart sei. Und wenn es keine Umstände machen würde – »Das isst man jetzt so«, entgegnete der unterbelichtete Oberkellner (oder umgekehrt) daraufhin völlig gelassen. »Da wird sich der Koch schon was bei gedacht haben. Kartoffel, glasig. Fisch gart man ja heute auch nicht mehr durch.«

Öhm. Es dauerte einen Moment, bis mein Kopf diesen dreisten Abwimmelversuch erfasst hatte, doch dann kam sie in mir hoch. Also nicht die glasige Kartoffel, sondern die Wut. Und Wut ist der beste Helfer für einen heilsamen Fluch – Tschakka!

Also teilte ich dem wie vom Donner gerührten Typen mit, dass ich erstens ein Exkrement darauf gäbe, ob und was der Koch sich bei einer rohen Kartoffel zurechtphilosophiert. Dass er zweitens den Unrat auf meinem Teller möglichst rasch fachgerecht entsorgen sowie sein Gesäß in die Küche schieben solle, um dort eine neue Speisenfolge zu ordern. Und dass er sich drittens sein Trinkgeld in selbiges stecken könne, wenn er ab jetzt keine freundlichere Miene aufsetzen würde. So!

Mental ging ich die Folgen durch, mit denen ich womöglich rechnen musste:
- Die anderen Gäste würden entsetzt die Köpfe schütteln, mich abschätzig von oben bis unten mustern und die Tische möglichst weit von unserem wegschieben.
- Der Kellner würde empört den Geschäftsführer rufen, der wiederum Göttergatte und mich des Restaurants verweisen.
- Göttergatte würde sich, ob der erlittenen Schmach und des Steaks, das er nicht zu Ende essen durfte, von mir trennen und eine adäquatere Partnerin suchen.

Es geschah Folgendes:
- Der Kellner entschuldigte sich, wenn auch sichtbar zähneknirschend, für seine selbstverständlich absolut nicht persönlich gemeinte miese Laune. Es gäbe da einen Todesfall in seiner Familie …
- Er machte sich beschleunigten Schrittes auf in Richtung Küche und kam tatsächlich nach kurzer Zeit mit einer gegarten Kartoffel und einem knackigen Salat zurück, den ich sogar nachsalzen musste.
- Andere Gäste ließen ihren Salat ebenfalls zurückgehen und gaben mir hinter vorgehaltener Hand zu verstehen, wie längst fällig meine Kritik gewesen sei. Chapeau, dass sich endlich mal einer traut den Mund aufzumachen!
- Göttergatte bekam vor Glück kugelrunde Augen, als uns zur »kleinen Wiedergutmachung« zwei köstliche Dessertplatten serviert wurden. Auf Kosten des Hauses, versteht sich.

Abends im Bett schwamm ich noch immer auf einer Welle der Endorphine (und tryptophanhaltiger Schokolade vom opulenten Nachtisch). »Beim nächsten Mal probiere ich vielleicht einen

Flammkuchen dort«, prophezeite ich Göttergatte wagemutig, beflügelt durch meinen Erfolg.

Er grinste mich über die Halbgläser seiner Lesebrille hinweg an. »Läuft ganz gut mit der Mission ›Fuck-Feigenettigkeit‹, oder?«
Jep. Läuft!

Während wir Typen mit Hang zur Feigenettigkeit uns damit herumschlagen, dass wir in einem Lokal was möglichst Leckeres zu essen und zu trinken kriegen und dabei zumindest halbwegs nett behandelt werden, haben andere Menschen ganz andere Prioritäten. Einige von ihnen betrachten ein Restaurant vielmehr als persönliche Bühne für ihre kleine, feine Profilneurose. Friederike und ihr Freund gehören zum Beispiel in diese Kategorie.

Ich kenne Friederike schon seeehr lange, wir sind als Kinder zusammen über den Spielplatz getobt und haben uns gegenseitig mit Sandkuchen gefüttert. Ich erinnere mich noch gut daran, wie ich einige Jahre später sehr erstaunt war, dass es Sandkuchen auch aus Mehl und Eiern gibt und nicht nur aus, na ja, Sand halt. Das war kurz nach der deutlich unglücklicheren Erkenntnis, dass Miesmuscheln geschmacklich mit süßen Leckmuscheln (falls Sie die nicht kennen, das sind laut Wikipedia »Hartbonbons, deren Masse in Kunststoffschalen von Herzmuschelform gefüllt ist«) nicht wirklich viel gemeinsam haben. Friederike hat ihren Gaumen seit dieser Zeit jedenfalls deutlich geschult, und das ist natürlich auch wünschenswert. Der Mensch lebt ja nicht von Sand und Leckmuscheln allein.

Die sprunghafteste Entwicklung nahm ihr Geschmack allerdings vor allem in den letzten Monaten, eben seit sie hauptsächlich mit »er heißt Leander und ist total erfolgreicher Real Estate Agent« essen und in die Kiste geht. (Nur falls Sie sich fragen, der total erfolgreiche Leander ist Makler.) Es ist nicht völlig auszuschließen, dass ich bei Maklern in meinem von diversen Umzügen geprägten Leben unfreiwillig zu viel Geld gelassen und ihnen gegenüber deshalb ein Vorurteil habe (»bitte sehr, Küche, Diele, Bad, Schlafzimmer, Wohnzimmer, Balkon, danke, ich hätte dafür gern tausendachthundert Euro von ihnen, Frau Drönner«). Es gibt ganz sicher warmherzige, grundgute und völlig ehrliche Immobilienhändler. Aber ich kenne halt keinen, und es ist ein bisschen ähnlich wie bei Zahnärzten: Sehe ich meinen mit seinem *Porsche Cayenne irgendwas* vorbeifahren, schmecken meine Kronen irgendwie bitter. Jetzt raten Sie mal, welches Auto Leander fährt!

Dass Leander und ich nicht tausendprozentig harmonieren, wurde allen Beteiligten schon bei unserem Kennenlernen klar, das sich eben in einem Restaurant zutrug. Nicht in irgendeinem, um genau zu sein, sondern in Friederikes und meinem Stammlokal (seit zwanzig Jahren). Und ja, es ist wirklich nicht die hipste Bude und bietet auch keine Sterneküche. Genau aus diesen Gründen ~~lieben wir es~~ liebe ich es.

»Die haben ja nur deutsche Weine«, waren Leanders angewiderte erste Worte beim Blick in die Karte, nachdem er Göttergatte und mich mit dem gleichen mitleidig-falschen Lächeln begrüßte, mit dem er auch das Interieur gemustert hatte. »Schon ein bisschen provinziell hier, oder?«

Sie werden wahrscheinlich nicht völlig aus allen Wolken fallen, wenn ich Ihnen jetzt sage, dass es bei dem einen Vierer-Essen blieb. Friederike und ich kamen stillschweigend überein, dass wir uns künftig lieber zu zweit treffen würden.

Doch obwohl ich Leanders blöde ~~Fresse~~ Visage nicht mehr live sehen muss, schwebt sein Geist dennoch über dem Tisch. Denn Friederike, die früher unkompliziert Eiswürfel in ihren Tetrapak-Rosé versenkte, rollt heute überteuerte Cuvées im Mund von links nach rechts und von vorne nach hinten und sagt dann zickig »der Wein korkt«, selbst bei Glasverschlüssen.

Sie will wissen, ob das Kobe-Rind auch wirklich Kobe-Rind ist, oder doch nur piefiges Wagyu, und ich muss mich erst mal dezent zum Nasepudern verabschieden, um auf dem Klo eilig den Unterschied zu googeln. Den erspar ich Ihnen hier einfach mal. (Sollten Sie's schon wissen, schauen Sie doch mal bei TripAdvisor rein, da gibt Friederike Tipps, wo Sie wirklich *echtes* Kobe kriegen.)

Nicht nur, dass ich in solchen Etablissements überhaupt nichts finde, was mir wirklich schmeckt (Sie erinnern sich, ich bin kulinarisch nicht sehr aufgeschlossen): Im Gegensatz zu Friederike, die sich mehr oder minder mit Leanders platinfarbener Kreditkarte durch die Gegend futtert, bezahle ich nicht mit seinem guten Namen, sondern mit meinem erarbeiteten Geld, das ich eigentlich für andere Dinge brauche.

Ich versuchte noch ein paar Mal, Friederike zu einem Besuch in unserem (früheren) Stammlokal zu überreden, doch sie winkte immer ab, ach, Steffi, nee, das ist doch so yesterday.

Mit solchen Menschen macht mir Essengehen keinen Spaß. Andere Sachen auch nicht viel mehr, um ehrlich zu sein. Irgendwann, als ich mich wieder einmal hatte breitschlagen lassen, mich mit ihr in einem Edelschuppen zu treffen und ich auf der Karte ausschließlich Gerichte fand, die

a) zu teuer

b) mir gänzlich unbekannt

c) zu teuer und mir gänzlich unbekannt

waren, hatte ich die Nase voll. Nachdem Friederike ihre Bestellung geordert hatte (»Ist das französischer oder italienischer Trüffel?«), fragte ich den Kellner einfach, ob ich auch Pommes und einen grünen Salat bekommen könnte. Fuck you, Knigge! (Dass das auch gleichzeitig »fuck you, Friederike« bedeutete, war mir zu diesem Zeitpunkt noch gar nicht klar.)

Keiner meiner bisherigen Flüche beschwor bisher eine ähnliche Totenstille herauf wie dieses schlichte Ansinnen. Aber, das muss ich dem Laden lassen: Man gab sich trotz des offensichtlichen Affronts redliche Mühe, meine Wünsche zu erfüllen. Mir wurde kurz darauf das vermutlich Fritten-ähnlichste serviert, das in der Küche zu finden war: eine Portion Bratkartoffeln, die auf der Rechnung *Pommes rissolées* hießen und die teuersten Erdäpfel meines bisherigen Lebens waren. Lecker schmeckten sie dennoch, und die Ausgabe hat sich auch definitiv gelohnt. Denn seitdem möchte Friederike nicht mehr nobel mit mir dinieren. Eigentlich gehen wir gar nicht mehr essen. Im Grunde telefonieren wir nur noch ab und zu. Und wenn sie dann anfängt, mir von der letzten Champagner-Degustation zu erzählen, trainiere ich eben meinen Beckenboden.

Nach diesem Erlebnis wurde mir erst so richtig bewusst, dass für einen gelungenen Restaurantbesuch mehrere Eckpfeiler eine entscheidende Rolle spielen:

- das Essen
- der Service
- die Begleitung

Und das Beste: Prinzipiell können wir auf alle Faktoren mit einem »Fuck« Einfluss nehmen! Hierfür habe ich einen kleinen Fragenkatalog erarbeitet, den ich zumindest im Geiste durchgehe, bevor ich einen Restaurantbesuch beschließe. Leihen Sie sich den doch einfach bei Bedarf aus …

Was sind gute Gründe, um essen gehen?

- Weil ich Hunger oder ganz einfach Lust dazu habe.
- Weil ich mich im Lokal mit netten Menschen treffe.

- Weil die in dem Restaurant besser kochen können als ich.
- Weil mir das Ambiente des Lokals gefällt.
- _____
- _____

Aus welchen Gründen sollte ich lieber nicht essen gehen?

- Weil TripAdvisor ohne meine Meinung dichtmachen muss.
- Weil ich dort im Restaurant Menschen treffe, die mich nerven.
- Weil es keine Gullys in meiner Nähe gibt, in die ich das Geld stattdessen stecken könnte.
- Weil der Kellner (m/w) einen hübschen Hintern hat. (Über diesen Punkt grübele ich noch nach.)
- _____
- _____

Mit wem gehe ich essen?

- Mit netten Menschen.
- Mit weniger netten Menschen, wenn sie die Rechnung bezahlen, zum Beispiel Chefs & Co.
- Allein (siehe oben »mit netten Menschen«).
- Dem alten Bettler und seinem hungrigen Hund.
- _____
- _____

Mit wem gehe ich nicht essen?

- Mit Menschen, die mich nerven.
- Mit denen, die schon vor der Rechnung ihre Meinung bei TripAdvisor kundgetan haben.

- Mit spätberufenen Möchtegernsommeliers.
- Mit Menschen, die mich nerven und die ich dafür auch noch einladen muss.
- _____
- _____

Was tue ich, wenn das Essen nicht schmeckt und der Service unfreundlich ist?

- Ich frage den Kellner (m/w), ob er einen schlechten Tag hat oder mich nicht leiden kann.
- Ich übe konkrete Kritik an der misslungenen Speise.
- Ich übe beim Kellner/Koch konkrete Kritik an der misslungenen Speise.
- _____
- _____

Was tue ich *nicht*, wenn das Essen nicht schmeckt und der Service unfreundlich ist?

- Ich lasse mich vom Kellner (m/w) kommentarlos mies behandeln und gebe dafür zum Schluss ein fettes Trinkgeld.
- Ich würge den Tellerinhalt trotzdem herunter oder verlasse alternativ das Lokal hungrig und gehe anschließend zu McDreck.
- Ich übe nur bei Göttergatte/Freundin/Mama/linksdrehenden Joghurtkulturen konkrete Kritik an der misslungenen Speise.
- _____
- _____

Haben Sie alle Punkte gecheckt, stehen die Chancen für ein gemütliches, leckeres Essen ziemlich gut. Lassen Sie aber auch den folgenden Hinweis nicht völlig außer Acht:

Liest man in einem Restaurant die Karte, so ist die goldene Regel: Wenn man es nicht aussprechen kann, kann man es sich auch nicht leisten.

Frank Muir

TECHNIK, DIE NICHT BEGEISTERT

»Jetzt wird's in der letzten Minute der Verlängerung noch mal spannend. Wird die deutsche Nationalmannschaft doch noch das ersehnte Tor erzielen? Das sieht sehr gut aus gerade: Badstuber gibt an Müller ab, Müller nicht im Abseits, die Distanz nur etwa zwanzig Meter, er schießt und ...

* * * * * * *
* * * * * * *

Schnee im Fernsehen. Nun, eigentlich ist es kein richtiger Schnee mehr, so wie früher (als ja sowieso alles besser war), sondern es erscheint lediglich die lapidare Meldung »Kein Signal«.

»Verdammte Scheiße, muss es denn ausgerechnet *jetzt* gewittern?« Göttergatte ist fassungslos. Er springt vom Sofa und eilt Usain-Bolt-verdächtig zur Balkontür. »Ich dreh mal an der Schüssel. Schau mal, ob sich was tut«, fleht er panisch.

Ich verdrehe die Augen. »Willst du bei diesem Sauwetter echt da raus?«

Er schaut mich an, als sei ich geistesgestört. »Nein, ich will nicht, *ich muss!*«

Vom Sofa aus sieht es schon ein bisschen lustig aus, wie er so in Jogginghose und Pantoffeln im strömenden Regen und mit um den Kopf zuckenden Blitzen – ein bisschen wie Doc Brown in *Zurück in die Zukunft* – an der SAT-Antenne rumfummelt. Ich kuschle mich gemütlich in meine Decke und bemitleide ihn tüchtig, während ich bedauernd den Kopf schüttele. »Nee, so nicht. Nein, immer noch Schnee. Ja, so! Ach nee, wieder weg.«

Es dauert etwa fünf Minuten, bis das Bild auf dem TV-Gerät wieder zu sehen ist. Göttergatte sprintet zurück auf die Couch und hinterlässt Tropfen und nasse Fußabdrücke auf dem Parkett. »Das gibt Ränder, du musst das wegwi–« Glauben Sie mir, wenn Blicke töten könnten, hielten Sie jetzt nicht dieses Buch in den Händen.

Auf dem Screen ist ein Elfmeterschießen zu sehen. »Siehst du«, sage ich, »Er hat nicht getroffen, du hättest dich also gar nicht so …« Sein Gesichtsausdruck lässt mich erneut beleidigt verstummen, während der Himmel einen lauten Donnerhall hören lässt.

* * * * * * * *
* * * * * * * *

Kein Signal.

»Fuck! Fuck, Fuck, Fuck, Fuck, Fuck«, schreit Göttergatte, und seine Haare spritzen mich nass, als er wie von der Tarantel gestochen Richtung SAT-Schüssel spurtet. Also, fluchen kann er. Vielleicht nicht sehr eloquent, aber durchaus ausdrucksvoll. Bedauerlicherweise sind seine elektrotechnischen Fähigkeiten weniger ausgeprägt. Bzw. die Antenne störrisch. Als er den Schnee in der Glotze endlich zum Schmelzen gebracht hat, ist auch vom Elfmeterschießen weit und breit nichts mehr zu sehen. »Deutschland hat gewonnen«, teile ich ihm nach einem Blick auf mein Handy mit, als er völlig durchweicht wieder zurückkommt. Er schaut mich lange nur waidwund an und erklärt dann mit Grabesstimme: »Ich will Kabelfernsehen.«

Natürlich habe ich ihm das mit dem Kabelfernsehen wieder ausgeredet. Warum so viel Geld im Monat für etwas ausgeben, das man dank Schüssel kostenlos hat? Die Kohle kann man doch wirklich sinnvoller verwenden! Beispielsweise was für die eigene Gesundheit tun und einen Fitnesskurs machen. Die zwei, drei

Ausfälle im Jahr, na gut, damit muss man halt leben. »Da kannst du wenigstens mal richtig von Herzen fluchen«, versuche ich Göttergatte zu motivieren. »Ich bin mit *dir* verheiratet, Weib, ich kann das sowieso jeden Tag«, gibt er missmutig zurück.

Tatsächlich bewährt sich die Schüssel bis tief in den November hinein. Genauer gesagt, bis zu einem Sonntagabend im November. Ich weiß das deshalb so genau, weil es mitten im *Tatort* anfing zu schneien. Ich liebe Schnee! Aber ich mag auch *Tatort* schauen. Die meisten jedenfalls. Die Stuttgarter etwa sind nicht so mein Ding, weil – aber ich schweife ab. Prinzipiell müssten sich diese beiden Neigungen – Schnee und *Tatort* – nicht zwingend ins Gehege kommen. Es könnte rechnerisch mehr als hundertsechzig Stunden die Woche weiße Flöckchen rieseln, ohne dass es meinen Krimiabend in irgendeiner Weise tangieren würde. Aber nein. Es fängt natürlich genau in dem Augenblick an zu rieseln, als der psychedelische Siebzigerjahre-Vorspann über die Mattscheibe flimmert. Murphys Law.

»Du weißt, dass der Empfang schlechter wird, wenn Schnee auf der Schüssel liegt?«, fragt Göttergatte süffisant. Gah! Ich ziehe meine dicke Jacke und die gefütterten Stiefel an und stapfe auf den Balkon. Dort fege ich hocherhobenen Hauptes den weißen Mist von der Schüssel und husche zurück ins Warme. Jemand anders sitzt grinsend auf der Couch und versucht nicht mal, seine Schadenfreude zu verbergen. Als ich mich gerade wieder in die Handlung eingefunden habe und Borowskis totale Unwissenheit bezüglich des Mörders teile, hat Frau Holle vermutlich einen Schlaganfall. Jedenfalls fallen plötzlich weiße Massen vom Himmel, die an eine Explosion im *Dänischen Bettenlager* erinnern. Es könnte echt romantisch sein, wenn es nicht so eine verfluchte Fickdrecksscheiße wär!

* * * * * * *
* * * * * * *

Kein Signal.

Verfluchte Fickdrecksscheiße wird folgerichtig mein Mantra, das ich heilend vor mich hinsumme, bis der Schneefall draußen nachlässt und plötzlich wieder ein Bild auf dem Fernsehschirm erscheint. Anne Will in froher Runde. »Oh, wie doof. Jetzt erfährst du ja gar nicht, wer der Mörder war«, legt Göttergatte scheinheilig seinen ungewaschenen Finger in meine klaffende blutende Wunde. Mit einem Blick lasse ich ihn wissen, dass er jetzt besser schweigt, weil ich sonst selbst zum Killer werde. Wortlos verpacke ich mich erneut in meine Winterklamotten, stapfe durch mittlerweile knöchelhohen Schnee mitten auf den Balkon – und brülle so laut Fuck in die Nacht, dass es vermutlich noch im Nachbarort hörbar ist.

»Besser?«, erkundigt sich der gerade nicht beste, sondern eher unterdurchschnittliche Ehemann, nachdem ich nach einem uneleganten Strip wieder auf dem Sofa sitze. Ich schiebe meine Unterlippe vor und schüttle den Kopf. Nein, es ist tatsächlich nicht wirklich besser, stelle ich frustriert fest. »Oh je«, sagt er, und es klingt ehrlich. Dann nimmt er mich in den Arm und fragt besorgt: »Und was jetzt?«

Tja, was jetzt? Ich stelle das Fluchen plötzlich infrage. Schließlich hatte ich mir doch vorgenommen, meinem Ärger über irgendwas in unabänderlichen Situationen Luft zu machen. Und konnte schon so oft von der befreienden Wirkung des »Fuck« profitieren – warum dieses Mal nicht?

Um der Wahrheit ins Auge zu sehen: Ich war in diese Lage ja nicht etwa unversehens und unschuldig hineingeraten; ich hatte mich ganz bewusst dafür entschieden. Na ja, nicht wirklich, aber indem ich der Schüssel den Daumen hoch gab und dem Kabelfernsehen ein »du kommst hier nicht rein«, nahm ich den verschneiten Borowski zumindest billigend in Kauf. Ergo konnte ich nicht ausschließlich

- dem Schicksal
- der Technik
- einem anderen Menschen im Allgemeinen
- meiner bösen Zwillingsschwester im Besonderen

die Schuld daran geben, sondern in erster Linie mir selbst. Sich selbst zu verfluchen, ist jedoch eine relativ sinnlose und zudem ärgerliche Angelegenheit.

Mein Fuck reicht nicht mehr; eine Entdeckung, die mich betrübt. »Ich will ja auch keine Tourette-Tussi werden, die nur noch am Fluchen ist«, klage ich Göttergatte. »Wirst du nicht, nur weil du gerade was Härteres brauchst«, beruhigt er, und fügt hinzu: »Vielleicht brauchst du ja nicht mal was Härteres, sondern einfach so was wie ein Plug-in, damit es wieder funktioniert.«

Was Härteres! Plug-in! So argumentieren nur Männer, oder? »Du ...«, spinnst ja, will ich eigentlich sagen, doch dann wird mir klar: Es stimmt! Ich brauche wirklich so ein Erweiterungsmodul – und es heißt »it«. Es macht aus dem wütenden *Fuck* ein entspanntes *Fuck it* – und verhindert, dass ich mir in Situationen, in denen Schimpfen eben nicht grundlegend hilft, vor lauter Ärger ein zweites Loch in den Allerwertesten beiße. Kraftausdrücke dürfen natürlich begleitend stattfinden, aber tatsächlich bekämpfe ich mit meinem *Fuck* gerade nur das Symptom (Schnee im Fernseher). Die Krankheit, in diesem Fall schlechter TV-Empfang, wird damit, egal wie laut ich es herausschreie, jedoch nicht kuriert. Und wer der Mörder war, erfahre ich dadurch erst recht nicht. Göttergatte und ich haben uns deshalb für eine Art heilsame Paartherapie entschieden: Fernsehen über Breitband-Internet. Leider handelt es sich dabei sozusagen um eine IGeL-Leistung, die der Patient selbst bezahlen muss.

Ja, ich habe vorher gesagt, dass man dieses Geld deutlich besser anlegen könnte. Na und, hab ich mich halt geirrt! Fuck it! Dann gibt's eben kein Fitnessstudio (was nicht ganz so tragisch ist, da ich ja sowieso keine ~~Lust~~ Zeit dazu hätte). Wer auf einem Standpunkt (Kabel-TV sinnlos teuer) beharrt, obwohl eigentlich längst klar ist, dass und warum dieser falsch ist (mieser Empfang), der schneidet sich ins eigene Fleisch. Da ich nicht allzu sehr zur Selbstverletzung neige, läuft Borowski jetzt trotz Schnee, Eis, Regen oder Weltuntergang (Fußball allerdings auch, jede Medaille hat zwei Seiten). Und wenn ich während der Ausstrahlung des *Tatorts* mal nicht zu Hause bin, sondern vielleicht im Restaurant oder beim Schlittenfahren, dann nehme ich die Folge einfach auf oder schaue sie in der Mediathek an.

In Großbritannien wird das praktische Fuck it übrigens gern noch erweitert: Die dort beliebte Abkürzung **FISHMO** steht für *Fuck it, shit happens, move on*. Was so viel bedeutet wie »reg dich nicht auf, Scheiße passiert halt mal, mach einfach weiter«. Ein cleverer Gedanke, wenn mal gar nichts mehr geht. Oder wenn's beim *Speed Hating* doch nicht zur Liebe auf den ersten Fluch gereicht hat.

STIMMUNGSKILLER STEUER

Es gibt eine Sache, in der ich wirklich hundsmiserabel bin. Die mir zutiefst widerstrebt und der sich meine Gehirnzellen in Gänze verweigern. Ich kann es nicht, ich will es nicht, ich hasse es. Mehr Fuck geht gar nicht! Das sollten doch ausreichend Gründe sein, es aus meinem Leben streichen zu dürfen, oder? Jaaa, Pustekuchen. Sagen Sie das mal dem Staat! Der besteht einfach darauf, dass ich mich Jahr für Jahr mit ihr herumquäle – der Steuererklärung. Ich bin nicht sicher, wie sich diese Folter mit dem Gesetz vereinbaren lässt, und meine Menschenwürde nimmt mir Elster auch. »Und mir erst«, klagt Göttergatte. Wobei er damit nicht die Steuer selbst meint, sondern vielmehr das, was sie aus mir macht.

Ein paranoides Nervenbündel, das nachts von Kontoauszügen, Spendenquittungen und Anlage XY träumt.

Bestimmt denken Sie sich jetzt, dann soll sie doch jemanden ranlassen, der Ahnung davon hat und es zumindest halbwegs gern tut, sprich einen Steuerberater. Sie Cleverle, darauf bin ich auch schon gekommen. Der klabüstert mir aber nicht meine Papiere zusammen, merkt sich nicht, welche Quittung zu welchem Einkauf gehört und sucht vor allem nicht den alles entscheidenden Beleg/Schrieb/die in Blut geschriebene letzte Mahnung, die ich unbedingt den Unterlagen beilegen muss. Es ist ja nicht so, als verschluderte ich einen solch wichtigen Brief irgendwo. Im Gegenteil, ich lege ihn ganz sorgsam beiseite an einen sicheren Platz, von dem aus er auf keinen Fall verloren geht. Das tut er dann auch glücklicherweise nicht. Verloren geht lediglich mein Erinnerungsvermögen daran, wo verdammt noch mal sich diese geheime Stelle befindet ... Es ist zum Mäusemelken!

Das fängt schon an bei der harmlosen Umsatzsteuer-Voranmeldung, die ich als Freiberuflerin alle drei Monate zu erledigen habe. Hierfür müssen alle Rechnungen, die ich elektronisch verschickte und erhielt, ausgedruckt werden. Es ist also – ich habe nostradamische Fähigkeiten – genau der Moment, in dem die Druckerpatrone den Geist aufgibt. Wenn die neue dann zwei Tage später von einer Amazone geliefert worden ist, geht's weiter. Jetzt müssen alle Quittungen des letzten Quartals, die ich systematisch ~~in einen alten Schuhkarton geschmissen~~ gesammelt habe, ausgeschüttet und sortiert werden. Drei Häufchen für drei Monate, jeder Beleg nach Datum sortiert – und wenn ich dann kurz Pipimachen gehe, komme ich zurück, und die Katzen sitzen mitten in einem Haufen bunt zusammengewürfelter Kassenzettel, die herrlich knistern, wie Federn durch die Luft fliegen und deshalb engagiert im ganzen Raum verteilt wurden. Wenn ich dann die von ihnen zu rollfähigen Knäueln verarbeiteten Quittungen aus ihren Krallen befreien will, mutieren meine geliebten Samtpfoten zu verdammten Mistviechern, die mir blutige Finger verpassen.

Vielleicht sagen Sie jetzt, dann sollte ich meine Sextanerblase besser kontrollieren. Alles schon probiert; alternativ klingeln dann der Postbote, der Stromableser, die Zeugen Jehovas oder das Telefon. Man entkommt seinem Schicksal nicht. Tierheim, ja, da habe ich schon drüber nachgedacht. Eine Option, die ich mir offenhalte.

Bis ich alle Belege hübsch geordnet, in rechten Winkeln auf DIN-A4-Papierbögen geklebt und in einem dicken Briefumschlag verstaut habe, dauert es also. Verflucht lange. Und wenn es mir gelungen ist, liegt garantiert, schwups, ein schnurrender Mini-Tiger darauf, der überhaupt nicht einsieht, warum ich seine gemütliche Unterlage jetzt zur Post bringen will. Versuchen Sie mal, eine »bei 7,5 Kilo müssen wir schon von Adipositas sprechen, Frau Drönner«-Katze (Zitat der Tierärztin) von einem eingetüteten Haufen Steuerscheiß herunterzukriegen – ohne, dass die andere Hand auch noch medizinisch erstversorgt werden muss.

Mein Papa, ein ehemaliger Bankmensch, kann diese Abneigung gegenüber Zahlen, Papieren und Co. überhaupt nicht nachvollziehen. Für ihn ist das Erstellen der Steuererklärung so was wie ein Hobby, und er freut sich diebisch, wenn er seine Zahnpasta, die er zu diesem Zwecke extra in der Apotheke kauft, als außergewöhnliche Belastung oder was weiß ich absetzen kann.

Solange ich festangestellt war, hat er sich dementsprechend erst viele Jahre um meine und später um die gemeinsame Einkommenssteuer von Göttergatte und mir gekümmert. Das war wunderbar, denn wir mussten nichts tun, außer sämtliche kartonagen Behältnisse des Haushalts nach Belegen abzusuchen, während mein Vater mit glänzenden Augen an seiner Rechenmaschine saß. Zum Schluss sind wir zusammen essen gegangen, haben uns auf die zu erwartende Erstattung gefreut, und alles war gut.

Heute bekomme ich Anrufe von Frau Waltner, der Steuerfachdingsdatante meiner Steuerberaterin. Frau Waltner ist wirklich nett, aber ihre Anrufe sind Grütze. Folgerichtig starren Göttergatte und ich beide paralysiert auf das Telefondisplay, wenn sie anruft, und sagen abwechselnd:

»Geh du ran.«

»Nein, du.«

»Nein, verdammte Scheiße, du!«

»Warum du nicht, Drückeberger?«

»Weil ich letztes Mal drangegangen bin!«

»Stimmt doch gar nicht!«

Bis das Klingeln endlich verstummt ist und Frau Waltner ihre Bedürfnisse auf die Mailbox gesprochen hat. Frau Waltners Bedürfnisse lauten etwa folgendermaßen:

»Frau Drönner, Herr Drönner, ich bräuchte noch Auszüge vom 28.3. bis 17.6. des vorletzten Jahres.« Oder auch, das hatten wir gerade, »in Ihren Unterlagen fehlt der Nachweis der Hausratversicherung«.

Dann ist man ein Weilchen mit Telefonaten beschäftigt, um Kontoauszüge und Versicherungsnachweise heranzuschaffen. Und stellt fest, dass die Hausratversicherung noch auf die alte Wohnung läuft, obwohl man seit über zwei Jahren woanders lebt. Das sollte man mal dringend ändern. Bei Gelegenheit. Oder zumindest die Nachmieter informieren, dass ihr Hab und Gut bestens geschützt ist.

Und was man nicht alles tut, nur um sich irgendwelche Steuervergünstigungen zu verschaffen! Meine Freundin Bine etwa hat extra einen Kurs für Geschäftsenglisch belegt, weil sie den als Kosten für berufliche Weiterbildung steuerlich geltend machen kann. Da spart sie total viel von den Gebühren! Echt praktisch, abgesehen davon, dass sie ständig darüber schimpft, seit einem Dreivierteljahr jeden Donnerstagabend in irgendeinem muffigen

Schulraum zu hocken und dennoch jedes Mal, wenn die Nummer eines Anrufers mit 00 anfängt, nach ihrer Kollegin zu schreien.

»Geh du ran, bitte!«

Ehrlich gesagt, haben Göttergatte und ich sogar aus steuerlichen Gründen geheiratet. Also nicht, was Sie jetzt denken, wir mögen uns schon. Aber hätte damals nicht Steuerklasse III gelockt, weiß ich nicht, ob wir über das »Ja« nicht vielleicht doch etwas länger nachgegrübelt hätten. Und jetzt haben wir den Salat. Immerhin halten wir es aber bereits so lange (und das erstaunlicherweise gar nicht mal schlecht) miteinander aus, dass eine einvernehmliche Scheidung, sollte sie irgendwann erforderlich sein, wohl fast schon rausspringen würde. Übrigens, ich weiß ja nicht, ob Sie's wussten: Auch Kosten, die im Zusammenhang mit einer Scheidung entstehen, können Sie steuerlich geltend machen. Nur mal so für den Fall.

Vielleicht geht's Ihnen ja wie mir, und Sie beantworten die folgenden Fragen ähnlich:

- Lautet mein Kommentar zur Steuererklärung *Fuck*?
  Aber so was von definitiv!
- Ändert das etwas daran, dass ich sie machen muss?
  Grmpf. Nein.
- Kann ich sagen *Fuck it*, und mich stattdessen angenehmeren Dingen zuwenden?
  Leider nein. Und nu?

Es gibt solche absoluten Hass-Fucks, ultimative Stimmungskiller. Bei denen hilft neben Fluchen nur eins: den Ärger unter einer dicken Schicht Zucker und Fett zu begraben. Versüßen Sie sich solche bitteren Pillen mit Ihrem Lieblingseis, einer Tüte Chips oder einer anderen Leckerei. Damit ist das Rad nicht neu erfunden, keine Frage. Aber wenn wir etwas genießen, wird Dopamin ausgeschüttet und das Belohnungssystem im Gehirn aktiviert. So fühlen wir uns glücklich und zufrieden. Na ja, zumindest satt und klebrig.

»Hmmm«, grummelt Göttergatte. Was? »Du futterst dich aber nur zur Einkommenssteuererklärung durch die Packung *Häagen-Dazs*, ja? Wenn du das nämlich jedes Mal bei der Umsatzsteuer machst, muss ich dich demnächst zur Steuerberaterin rollen.«

Ganz Unrecht hat er damit nicht: Als Tröster für jeden Tag ist diese Methode leider nicht geeignet. Es sei denn, Sie haben beim Preisausschreiben eine Fettabsaugungs-Flatrate gewonnen.

Durch Fluchen der Steuer entkommen, das wird nicht hinhauen, so schön es auch wäre (und glauben Sie mir, ich habe nahezu alle Flüche ausprobiert!). Aber neben der Erleichterung durchs Luftmachen setzt das Schimpfen gleichzeitig noch weitere physische Prozesse in Gang: Wir schütten zum Beispiel vermehrt Cortisol und Adrenalin aus, pure Energie. Und die können Sie dann dafür verwenden, das nervige Elster-Formular auszufüllen. Eine kleine zusätzliche Motivationsspritze: Neun von zehn Arbeitnehmern erhalten Geld zurück, wenn sie eine Steuererklärung einreichen. Fachliteratur ist übrigens auch absetzfähig, wenn sie der beruflichen Fort- und Weiterbildung dient. Fluchen wiederum kann durchaus helfen, im Job weiterzukommen – wie genau, erfahren Sie in Kapitel 5. Womöglich lässt sich ja sogar der Kauf dieses Buches steuerlich geltend machen. Sie können's ja einfach mal versuchen ...

FUCKTEN-CHECK KAPITEL 2

Unser Alltag ist gespickt mit Situationen, in denen wir eigentlich gar nicht anders können als zu fluchen. Und warum sollten wir uns auch beherrschen? Fluchen, Schimpfen und die Nutzung von kreativen Kraftausdrücken ist laut wissenschaftlichen Forschungen nicht nur befreiend, sondern auch ein Zeichen von Intelligenz und macht uns zudem attraktiver. Jedenfalls dann, wenn wir es sparsam einsetzen und nicht aus jeder beschissenen Mücke einen verdammten Elefanten machen.

Wer beim Pöbeln persönlich wird, sollte jedoch aufpassen: Persönliche Beleidigungen sind eben das – Beleidigungen. Und die wiederum strafbar. Eine derart direkte Ansprache ist oft auch gar nicht erforderlich: Der, dem der Schuh passt, zieht ihn meistens auch an. So reicht es häufig schon, das Ärgernis an sich laut auszusprechen und sich Luft darüber zu machen, ohne den Verursacher zu benennen (und damit eventuell eine Auseinandersetzung heraufzubeschwören). Für Fluch-Rookies sind solche Situationen das optimale Trainingsgelände.

Wer es schafft, den richtigen Adressaten für eine berechtigte Schimpftirade auszuwählen und diesen so anzusprechen, dass hinterher weder Strafbefehl noch Hausverbot folgen, ist hingegen schon einen wichtigen Schritt weiter. Denn an der falschen Stelle kann man mosern, bis man Grünspan oder Schimmel ansetzt, ändern wird sich dadurch nichts. Wohingegen ein präziser Hinweis diverse ärgerliche Umstände durchaus verbessern kann. Das erfordert aber neben Treffsicherheit auch ein bisschen Mut oder Wut, günstigstenfalls beides.

Überlegen Sie sich im Anschluss, welche Situationen Sie im Alltag zum Fluchen bringen, und teilen Sie sie in folgende Parameter ein.

Hier laut und/oder adressiert fluchen:
- Bei unfreundlichen Kellnern
- Bei miesem Restaurantessen
- Bei Papiere durchwühlenden Katzen (interessiert die eh nicht)
- Bei ewiger Wartezeit in der Arztpraxis
- Wenn Farbe unter das Abklebeband läuft
- _____
- _____
- _____
- _____
- _____

Hier eher leiser und/oder indirekt Fuck (you) sagen:
- Bei nervenden Mitbürgern in der Kassenschlange
- Bei nervenden Mitbürgern im Straßenverkehr
- Bei Kobe oder Wagyu, italienischen oder französischen Trüffeln (je nach Geschmack; der hier ist halt meiner, jedem den seinen)
- Bei Maklern im Allgemeinen und vor allem denen, die einstige Freundinnen verkorksen
- Im Stau vor dem Bewerbungsgespräch
- _____
- _____
- _____
- _____
- _____

Hier hilft nur ein entspannendes Fuck it:
- Bei streikender Technik (z.B. zugeschneite SAT-Schüsseln, kaputte Kaffeemaschinen am Montagmorgen)
- Bei der Erkenntnis: Ich bin keine Jacobsmuschi
- Bei der Erkenntnis: Die Katze muss abnehmen

- Bei der Erkenntnis: Ich habe mich in dieser Angelegenheit geirrt
- Bei erfolglosen *Speed Hatings* & Co.
- _____
- _____
- _____
- _____
- _____

Hier sind nicht nur jede Menge Flüche, sondern auch jede Menge Schokolade gefragt (*ja, Schokolade löst keine Probleme. Das tut ein Apfel aber auch nicht!*)**:**
- Bei Steuererklärung und Finanzamtscheiß im Allgemeinen
- Bei Umzügen
- In diversen anderen Situationen, die jedoch eher in die Themengebiete Job/Familie und Partnerschaft gehören. Und deshalb widmen wir uns denen gleich ausführlich.
- _____
- _____
- _____
- _____
- _____

Betrachten Sie diese Zuordnung nicht als statisch; manches wandert vielleicht nach ein paar Wochen Training und Erfahrung von der einen Spalte in eine andere. Gregor etwa hat sich ein Auto mit Klimaanlage zugelegt, sodass er darin auch im Sommer mit geschlossenen Fenstern schallgeschützt fluchen kann. Wo er früher laut bei heruntergekurbelter Scheibe schimpfte und einen Strafbefehl kassierte, tut er das Gleiche (zumindest von außen betrachtet) jetzt eine Nummer leiser.

Mein »Ich bin keine Jacobsmuschi«-Fluchanlass stand bei mir ein Weilchen in der letzten Spalte, was dazu führte, dass ich mich durch die zusätzliche Schokolade noch weiter vom mintfarbenen Hosenanzug in Größe 34 entfernte. Daher ordnete ich ihn gedanklich einfach eine Etage höher ein. Melly hingegen hat nach mehreren vorsichtigen indirekten Übungen in Kassenschlangen & Co. auf ihrem letzten Weihnachtsmarkt bewiesen, dass sie in der Lage ist, so laut zu werden, dass sie sich sogar an der Glühweinbude Gehör verschaffte. Und nicht nur das, sondern auch Kinderpunsch. Mit Schuss.

KAPITEL 3

FUCK-BEKANNTE & FUCKING FREUNDSCHAFTEN

DIE DOOFE ZIEGE AUS DER SPORTGRUPPE

Es gibt Menschen, in deren Gegenwart bräuchte man eigentlich ständig einen Kinderpunsch mit ordentlich Schuss. Oder gleich den Schuss ohne Kinderpunsch. Gabriela gehört in diese Kategorie. Gabriela ist ein Mitglied meiner Sportgruppe, und sie sieht aus wie Barbie. Sie hat tolle blonde Haare und einen fantastisch definierten Körper, den sie beim Work-out in eng anliegendes Lycra steckt. Während ich mich nach fünf Minuten Training optisch in einen schweißgebadeten Hummer ohne Scheren verwandle, zeigt sich auf Gabrielas Gesicht allenfalls eine leichte Rötung, schwitzen tut sie nie. Im Gegenteil, sie trägt meist bis zur Hälfte des Kurses eine Sweatjacke, die sie dann mit einem »so, jetzt bin ich endlich aufgewärmt« zur Seite legt, wenn ich nicht mal mehr in der Lage bin zu denken, geschweige denn zu sprechen.

Umwerfend aussehende Gabrielas sind allein schon einschüchternd genug, wenn man solch eine Sportgruppe nicht zum Ausführen neuer Trainings-Outfits besucht, sondern weil man etwas für die Erhaltung der eigenen Gesundheit und gegen die Erhaltung des eigenen, überdimensionierten Hinterteils tun möchte. Für Männer: Stellen Sie sich einfach vor, Sie müssten im Fitnessstudio ständig neben Jason Statham trainieren. Alles klar? (Ja, ich würde im Zweifelsfall auch gern tauschen, lassen Sie uns drüber reden.)

Was jedoch noch viel mehr dazu beitrug, dass ich mich beim Sport plötzlich unwohl fühlte, waren Gabrielas Blicke. Auf eben jenes Hinterteil. Er fiel mir irgendwann beim Dehnen auf: dieser grinsend-spöttische Ausdruck, der sich eindeutig auf die Stelle meines Körpers bezog, die mir normalerweise als recht bequemes Sitzpolster dient. Ab da beobachtete ich Gabriela – und nein, ihr Blick war kein Zufall, sie schaute mich (ihn!) ständig an. Fuck.

In den darauffolgenden Stunden begegnete ich diesem Umstand mit den unterschiedlichsten Taktiken: zum Beispiel mit weiten T-Shirts, die mir bis in die Kniekehlen hingen und mich bei den Bewegungsabläufen störten. Oder damit, dass ich meine Matte stets in irgendeiner äußeren Ecke platzierte, von der aus ich lediglich der Wand meinen Po zeigte. Trotzdem fühlte es sich so an, als stünde er ständig in Gabrielas Fokus – und als wäre er doppelt so groß. Das klingt jetzt vielleicht amüsant, aber trainieren Sie mal mit Elephantiasis am Arsch!

Es kamen beruflicher Zeitdruck hinzu und merkwürdige Wehwehchen, die sich grundsätzlich am Vortag oder am selben Tag einstellten, wenn abends »Sport« im Kalender stand. Jedenfalls gipfelten meine »Gabrielas Blicken entkommen«-Methoden schließlich in der erfolgreichsten: Ich ließ den Kurs ausfallen. Göttergatte wunderte sich ein wenig, doch ich erklärte ihm, dass mir das Training keinen wirklichen Spaß mehr machen und ich mich stattdessen nach einer neuen Sportart umschauen würde. Eventuell Stepptanz. Vielleicht auch Yoga. »Ah, okay.«

Die doofe Ziege aus der Sportgruppe

Irgendwann vergaß ich mehr oder weniger, dass es den Kurs überhaupt gegeben hatte (von den monatlichen Abbuchungen abgesehen) und wollte mich abends mit Diana fürs Kino verabreden. Ich rief sie an.

»Spatzel, hast du Lust, heute Abend den neuen Film mit Ryan Gosling zu schauen?«

»Heute? Ist doch Mittwoch, hast du da nicht deine Sportgruppe?«

»Ähm. Ja, eigentlich schon, aber ... die macht mir nicht mehr so richtigen Spaß. Ich schaue mich gerade nach einer neuen Sportart um. Eventuell Stepptanz. Vielleicht auch Yoga.«

»Aha. Und warum macht dir die Gruppe keinen Spaß mehr?«

Typisch Diana! Diese Frau hört das Gras wachsen. Ich verdrehte die Augen und erzählte andeutungsweise von Gabriela.

»Blöde Kuh.«

»Ja, finde ich auch! Du solltest sie mal sehen, wie sie da in ihrem türkisfarbenen Zumba-Dress ...«

»Die doch nicht! Du!!«

Und dann erläuterte mir Diana, warum sie meine Strategie »das ist ja nicht mal mehr feigenett, das ist feigeblöd« findet. Und weigerte sich prompt, mit mir ins Kino zu gehen. »Beweg deinen Arsch, der im Übrigen völlig okay ist, in diese Gruppe und wackel' der ollen Gabriela so lange damit vor der Nase rum, bis sie schielt!«

Das tat ich zwar nicht, aber immerhin ging ich tatsächlich abends zum Sport und freute mich darüber, dass mich einige der anderen Kursteilnehmerinnen wohl wirklich vermisst zu haben schienen. Tief einatmend legte ich meine Matte in die gewohnte Ecke und versuchte, den Gedanken an Gabriela und ihre möglichen Blicke auszublenden. Es klappte besser als vermutet.

Doch als ich nach dem Training völlig geschafft und gewohnt verschwitzt Richtung Umkleide lief, spürte ich, wie mein Hintern wieder spontan um mindestens zwei Kleidergrößen explodierte. Alarmiert drehte ich mich um. Gabriela!

»Verdammte Scheiße, Gabriela, kannst du das mal lassen?! Es nervt mich, dass du mir ständig auf den Arsch glotzt! Ja, er ist dicker als deiner, aber davon, dass du permanent draufstarrst, wird er auch nicht kleiner! Also kümmer dich um deinen Kram; ich warte ja auch nicht wie ein Geier darauf, dass du mit deinen dicken Möpsen auf den langen Beinen irgendwann vornüberkippst!« Gabriela wurde rot und erwiderte nichts. Ich drehte mich um und stolzierte hocherhobenen Hauptes ~~(und eingezogenen Arsches)~~ zur Dusche, unter inneren Klängen der »Rocky«-Hymne »Eye of the tiger«.

Seither gehe ich wieder regelmäßig zum Sport. Ob Gabriela danach noch guckte, kann ich Ihnen gar nicht sagen, denn nachdem ich es offen ausgesprochen hatte, war es mir irgendwie – ziemlich egal geworden. Mein Arsch wuchs in ihrer Gegenwart jedenfalls nicht mehr wie durch einen bösen Zauber um ein Vielfaches, im Gegenteil: Er fühlte sich eigentlich ganz gut an.

Es gibt im Leben diverse Gabrielas: flüchtige Bekannte, die man mal sieht, zu denen man jedoch keinen regelmäßigen Kontakt pflegt. Die das Leben aber trotzdem irgendwie ein Stückchen unangenehmer machen, durch Blicke, Kommentare, Taten. Von denen wir uns, aus manchmal unerfindlichen und manchmal vielleicht sogar ein klein wenig berechtigten Gründen, ein bisschen untergebuttert und/oder eingeschüchtert fühlen.

Bei Nachbarn ging mir das früher beispielsweise oft so. Der Garten war dabei quasi so etwas wie mein Arsch, nur in grün: Andere fanden seine Größe okay, aber mich nervte er. Ich hätte ihn irgendwie immer gern insgesamt etwas gepflegter gehabt und hatte andererseits wenig Lust, mich drum zu kümmern. Beide gestalteten sich auch ähnlich unkontrolliert: Wo an der einen

Stelle Fettzellen wuchsen wie Unkraut, wuchs an der anderen Unkraut wie Fettzellen. Während die Nachbarn Zucchinis ernteten, erntete ich stets schiefe Blicke für das wild wuchernde Grün. Ich wurde auch in schöner Regelmäßigkeit drauf angesprochen, wann ich denn »endlich mal das Unkraut am Zaun entfernen« würde oder auch den Rasen mähen. Die eindringlichen Fragen hatten zur Folge, dass ich mich in erster Linie auf dem Balkon und noch weniger im Garten aufhielt.

Als ich dann irgendwann doch nicht mehr umhin kam, frustriert einen eingegangenen Blutahorn auszubuddeln (ich hatte extra einen Regentag ausgewählt), nutzte Nachbarin Wiesner denn gleich die Chance. Und erkundigte sich, mit Schirm am Zaun stehend, in ätzendem Tonfall, ob ich denn nun auch endlich das Efeu kappen würde, sie hätte mich nun schon so oft darum gebeten und langsam ginge ihre Geduld wirklich zu Ende …

Peng! Ich konnte ihn fast hören – nicht den reißenden Geduldsfaden von Frau Wiesner, sondern meinen platzenden Kragen, als ich keuchend (in nasser Erde zu buddeln ist ziemlich anstrengend) und tropfnass zu ihr rüberschaute. Ich hatte es so was von satt, diesen ganzen verfickten Scheißgarten, für den ich eigentlich überhaupt keine Zeit erübrigen konnte! Ich war ja schließlich berufstätig und eben kein verdammter Rentner wie meine perfekt gärtnernden Nachbarn, deren beschissene hochgewachsene Hecke aber so viel Licht von meinem Grundstück schluckte, dass nicht mal ein kleiner Blutahorn überlebte …

»Ein Blutahorn braucht es aber durchaus schattig, Frau Drönner«, hörte ich meine Nachbarin mitten in das Rauschen in meinen Ohren hineinsagen. Das konnte nur bedeuten – oh. Mein. Gott. Ich hatte diese Rentner-Hecken-Scheißgarten-Gedanken nicht einfach nur gedacht, ich hatte sie laut ausgesprochen! Geflucht in schönster Gossensprache, und das vor und in Richtung von »ich wurde schon in diesem Haus geboren, ich kenne die

Straße und alle Nachbarn wie meine Westentasche«-Hannelore Wiesner. Vor meinem inneren Auge lief ein Film ab; ich sah Göttergatte und mich unser Hab und Gut in Umzugskisten verpacken und im Möbelwagen fliehen, verfolgt von empörten Nachbarn, die uns mit unkrauthaltigem Dreck bewarfen und »raus aus unserer Straße« riefen.

»Warum haben sie denn nie gesagt, dass ihnen die Hecke zu hoch ist? Das ist doch kein Problem, ich gebe Hubert Bescheid, dass er sie gleich morgen kürzt, da soll es wieder trocken sein.«

Es dauerte einen Moment, bis mein Kopf die Information verarbeitet hatte.

»Eigentlich sollten wir als Nachbarn auch viel mehr miteinander reden, meinen Sie nicht?«

Nee, eigentlich nicht, für meinen Geschmack hatte Frau Wiesner immer mehr als genug geredet. Das sagte ich aber diesmal nicht laut. »Haben Sie nicht Lust, auf einen Kaffee rüberzukommen? Ich hab gerade einen Apfelkuchen gebacken.«

Ich nahm das Angebot an, und auch das Handtuch, das mir Frau Wiesner reichte, um mich abzutrocknen. Bei immerhin Apfelkuchen, wenn auch keine Himbeertorte, erzählte sie mir von ihren Gartenerfahrungen und gab mir Tipps, welche Pflanzen in unserem Boden gedeihen würden. Überraschenderweise hatten wir bisher keine davon angepflanzt. »Wenn Sie mögen, können wir ja gern mal zusammen ins Gartencenter fahren.«

Nein, es war nicht der Beginn einer wunderbaren Freundschaft. Aber der einer gelungenen Nachbarschaft. In der jeder das tut, was er kann: Ich erstelle die Einladungen für Hannelores und Huberts goldene Hochzeit, während Hannelore mich in Sachen Gartenanlage berät. Manchmal geht sie beim Unkrautzupfen »auch schnell mal durch deine Beete, Steffi, du hast ja so wenig Zeit, und dann kommen die Hortensien doch viel besser zur Geltung, meinst du nicht?«.

Die doofe Ziege aus der Sportgruppe

Doch, das meine ich auch. Der Garten sieht nicht mehr aus wie ein Wildschwein-Gehege, Hanni und Hubi sind froh, dass nichts mehr wuchert, und manchmal sitzen wir bei Apfelkuchen zusammen und stoßen auf die gute Nachbarschaft an – die erst durch mein Fluchen begann.

Nach dieser Erfahrung begriff ich, dass es verschiedene Möglichkeiten gibt, mit Menschen, die einem so unangenehm aufstoßen, umzugehen. Beispielsweise einfach aus dem Weg gehen.

Meine Methoden waren demnach:
- den Sportunterricht meiden.
- sich vor den Nachbarn verstecken.

Wenn ich so überlege, fallen mir dazu noch weitere Beispiele ein:
- Hundeschule ausfallen lassen, weil da so ein nerviges anderes Frauchen hingeht (deshalb liegt der Hund jetzt auf dem Sofa und bettelt bei Tisch).
- Fleisch aus der Kühltheke im Supermarkt kaufen, weil der Metzger immer so unfreundlich ist (ist auch Bio, aber so eklig eingeschweißt).
- den eigentlich guten Friseur wechseln, weil der Azubi meine Haare völlig verschnitten hat (der neue ist deutlich schlechter als der alte, aber zumindest besser als der Lehrling).

In all diesen Situationen ist Vermeidung der Weg des geringsten Widerstandes. Aber leider auch mit Abstand der feigste. Die Alternative: Wir hauen mit der Hand auf den Tisch und suchen die Kommunikation. Damit ist man selbstredend auch nicht immer erfolgreich; manch Nachbar hätte wohl anders reagiert als Hanni. Aber eine Auseinandersetzung *kann* zumindest zum Erfolg führen. Vermeidung nicht!

Überlegen Sie sich doch mal, zu welchen Gelegenheiten Sie die
»Ich bin dann mal weg«-Taktik anwenden:

- _____
- _____
- _____
- _____
- _____

Und jetzt nehmen Sie sich vor, mindestens zwei der Situationen durch Kommunikation zu klären.

Nach ein paar Wochen Funkstille sprach mich Gabriela aus der Sportgruppe übrigens nach dem Training draußen vor der Halle noch mal an.

»Du, Steffi?«

Hmpf. »Ja?!«

»Noch mal wegen der Sache zwischen uns neulich ...«

Doppel-Hmpf! »Ja??!!«

»Ich wollte dir nur sagen, dass – es tut mir echt leid, dass ich immer auf deinen Hintern geguckt hab bzw. du das in den falschen Hals bekommen hast.«

»In den falschen Hals?!«

»Na ja – es könnte doch auch ein Kompliment sein.«

»Ein *Kompliment*?«

»Du bist aber grad ein bisschen schwer von Begriff, Steffi. Ich steh auf Frauen. Und auf, ähm, etwas fülligere Popos. Hat meine Freundin auch.«

»Oh. Ach. So.«

»Okay, dann weißt du Bescheid. Ich muss jetzt auch los; wir sehen uns nächste Woche, tschüssi!«

Und dann war sie weg und ich stand immer noch sprachlos da. Wochenlang hatte ich mich vor Gabriela verkrochen, weil ich sie für eine arrogante Barbiepuppe hielt, die mich und insbesondere mein Hinterteil herabwürdigte. Und durch ein bisschen Kommunikation stellte sich die Situation als eine ganz andere – und für mich deutlich schmeichelhaftere – heraus. Ohne mein Anpflaumen wären mir ihre wahren Beweggründe wohl verborgen geblieben; hätte ich die Sportgruppe tatsächlich gecancelt, erst recht. Auch das kann direkte Ansprache also bewirken: Wir erfahren Motivationen und Hintergründe von anderen, die wir uns eventuell nie hätten träumen lassen.

Seitdem lege ich meine Matte beim Sport wieder in die Mitte der Halle. Und manchmal trinken wir hinterher eine Apfelschorle zusammen, Gabriela und ich. Sie ist nämlich eigentlich ziemlich nett. Und hat einen verdammt guten Frauengeschmack!

»KANNST DU MAL, HAST DU MAL«-TYPEN

Bekannte unterteilt man ja meistens in »flüchtige« und »gute«. Wobei das »gut« hierbei kein Werturteil ist, sondern lediglich besagt, dass man diese Menschen etwas besser kennt oder sie auch nur häufiger sieht als flüchtige Bekannte. Gute Bekannte können natürlich auch wirklich gute Bekannte sein, zum Beispiel nette Freunde von Freunden, die man regelmäßig auf Geburtstagsfeiern trifft und mit denen das Feiern so richtig Spaß macht. Oder Nachbarn wie Hanni und Melly, die man öfter sieht und durchaus zu schätzen weiß. Insbesondere, wenn die Gesellschaft noch durch Himbeertorte ergänzt wird.

Es gibt aber auch schlechte gute Bekannte. Das sind Menschen, die die Bekanntschaft ausschließlich zu ihrem Vorteil nutzen, ohne dass man selbst etwas davon hätte. Martin etwa war der Prototyp eines schlechten guten Bekannten.

Woher ich Martin kenne, kann ich nicht mal ganz genau sagen. Er tauchte irgendwann vor ein paar Jahren mal im Dunstkreis meines Bruders auf, ich traf ihn öfter, wir tauschten Nummern aus – und damit machte ich nichtsahnend einen fetten Fehler. Nicht, dass Martin grundsätzlich unsympathisch gewesen wäre, im Gegenteil. Er hatte (und hat wahrscheinlich immer noch) ein sehr einnehmendes Lachen, konnte toll Witze erzählen und gab einem bei einem Treffen das Gefühl, er sei ein richtig guter Kumpel. Irgendwann, als wir wieder einmal feststellten, den gleichen schwarzen Sinn für Humor zu haben, stieß er mich in die Seite.

»Du, was ich dich schon immer mal fragen wollte: Du bist doch Journalistin, oder?«

Ich nickte.

»Klasse! Ich bräuchte jemanden, der meine Firmen-Homepage mal Korrektur liest. Könntest du da mal bei Gelegenheit kurz drüberschauen?«

Ich nickte abermals. Für so einen netten Kerl wie Martin kann man schließlich mal eine Ausnahme machen vom ersten Freiberufler-Grundsatz »arbeite niemals für lau«. Dazu sei erwähnt, dass solche Grundsätze nicht von ungefähr existieren. Es ist nämlich gar nicht so einfach, diesbezüglich die Spreu vom Weizen zu trennen, also Menschen einzuteilen in »die sind es wert, dass ich meine Arbeitszeit für sie opfere, obwohl ich dann kein Geld verdiene, das ich für meinen Lebensunterhalt benötige« und eben in »die nicht«. Unter anderem, weil die, die in die erste Kategorie reinfallen, dann auch nicht selten noch Leute aus der zweiten Kategorie mit ins unbezahlte Beiboot holen. Meine Mutter konnte das super: »Ich hab der Brigitte aus meinem Tai-Chi-Kurs gesagt, du würdest dich um die Einladung für den Kindergeburtstag ihrer Enkelin kümmern, das kannst du doch schnell machen, oder?« Und dann sitzt man da: Mütter gehören eindeutig in Kategorie 1, Brigittes Enkel aber definitiv in 2. Einfacher ist es deshalb, von vornherein klar zu sagen: Ich mach's für niemanden. Auch wenn man dann vielleicht ein bisschen ein Arschloch ist.

Da ich bei dem netten Martin kein Arschloch sein wollte und außerdem schon zwei Gläser Sekt intus hatte, sagte ich: Mach ich. Und stellte, nachdem er mir die Zugangsdaten noch während der Party per WhatsApp zugeschickt hatte, kurz darauf fest, dass der Web-Auftritt seines Unternehmens – er handelte mit Dachziegeln – nicht nur total uninteressant, sondern auch noch zweisprachig war. Bedeutete, dass ich neben den deutschen Korrekturen auch noch englische zu erledigen hatte, was ich keineswegs aus dem Handgelenk schüttelte.

Vier Tage danach kam ein Strauß von Fleurop, mit einer Dankeskarte von Martin. Ich war gerührt. Wie aufmerksam und nett! Nur Göttergatte spottete ein wenig: »Für drei Tage Arbeit – da ist er ja recht günstig davongekommen.« Dabei kam es doch auf die Geste an!

Bei einer Trödel-App entdeckte ich etwa zwei Wochen später einen nostalgischen Schrank, der mir total gut gefiel. Alte Möbel sind so eine kleine (oder auch größere) Macke von mir: Ich habe ein ausgesprochenes Faible dafür, auch wenn ich heute nicht mehr in ihnen fluche. Das Teil war jedoch nur an Selbstabholer zu verkaufen und nicht demontierbar. Ich maß die Kofferraumklappe unseres Skodas aus – keine Chance, da würde er nicht hineinpassen. Ein größeres Auto mieten? Nach kurzem Preischeck war klar, dass sich dann der Schrankkauf ums Doppelte verteuern und somit nicht mehr rechnen würde. »Frag doch mal deinen Martin, der müsste doch für seine Dachziegel einen Sprinter oder so was haben«, meinte Göttergatte. Natürlich! Die Lösung! Ich rief ihn kurzerhand an, und er freute sich, von mir zu hören. Mir ein Herz fassend fragte ich ihn, ob er mir einen seiner Lieferwagen ausleihen könne, »nur für drei Stunden, Sprit ginge selbstverständlich auf mich«. In Martins Stimme Bestürzung, als er mir antwortete, dass er das »echt total gerne« täte, es aber aus versicherungstechnischen Gründen unmöglich sei. Macht doch nichts, versicherte ich ihm, schließlich hätte ich ja auch eigentlich mehr als genug Möbel. Ein wenig trauerte ich meinem Schrank trotzdem hinterher, aber c'est la vie.

Als Martin einige Wochen später verzweifelt anrief und mich um SOS-Hilfe für eine Rede, die er halten sollte, bat, sagte ich natürlich trotzdem zu. »Nicht dein Ernst«, sagte wiederum Göttergatte, als ich ihm erklärte, die Nacht bei Martin zu verbringen (»Es ist nicht, was du denkst, wir bereiten nur seine ultrawichtige Rede für den Dachziegelverband oder so morgen vor«).

Die Rede kostete tatsächlich fast die ganze Nacht, wurde für Martin aber auch zum vollen Erfolg, da man ihn anschließend zum Vorsitzenden des deutschen Dachziegelverbands oder was weiß ich wählte. Ich freute mich für ihn, zumal sich die ganze Mühe insgesamt für ihn auszuzahlen schien.

Seine Firma expandierte, er eröffnete mehrere Filialen (»Steffi, könntest du schnell eine kleine Meldung dazu schreiben und auf die Homepage stellen? Komm, bitte, ich brauch dich jetzt!«). Die Pressearbeit entwickelte sich dadurch allerdings mehr und mehr zu einem (unbezahlten) Halbtagsjob, den ich auf Dauer zeitlich nicht würde stemmen können, Dankesblumenstrauß hin oder her, den kann man schließlich nicht essen. Und vertrocknet war er auch schon lange. Doch mir graute davor, Martin das zu sagen.

Als Göttergatte und ich aufgrund gesetzlicher Vorgaben irgendwann den Speicher unseres Altbaus dämmen mussten, beschlossen wir, gleichzeitig die Dacheindeckung zu erneuern. Ich rief Martin an und fragte, ob wir die Ziegel über ihn zum Einkaufspreis beziehen könnten. Keine große Sache, dachte ich – für ihn zwar kein Gewinn, aber ja auch kein Verlust.

»Steffi, tut mir leid, so was tue ich generell nicht. Ich trenne nämlich Job und Privates ganz strikt, sonst gibt das irgendwann böses Blut. Sorry, du. Aber sag mal, hattest du schon Gelegenheit, dir mal über einen neuen Flyer für die Firma Gedanken zu machen?«

Du solltest öfter mal »Fuck« sagen, das steht dir.

Ich holte sehr tief Luft. Und dann umriss ich Martin kurz, was für eine Pfeife er sei. Und dass er sich künftig wohl eine Agentur leisten müsse, die seine Pressearbeit übernähme. Privates und Berufliches würde ich nämlich ab sofort ebenfalls sehr genau trennen. Das finge damit an, dass er mich professionell gesehen gründlichst an meinem von Gabriela abgesegneten Arsch lecken solle, wohingegen ich privat vollumfänglich darauf verzichten würde. So wie auf jeden anderen weiteren Kontakt mit ihm.

Seit diesem Erlebnis
- halte ich mich an den Grundsatz »nicht für lau arbeiten« (Ausnahmen bestätigen noch immer die Regel)
- betrachte ich Bekannte, die etwas von mir haben wollen, mit kritischeren Augen.

Ich überlege mir bei einer Bitte (es sei denn, sie kommt von guten *Freunden*, dann überlege ich gar nicht, sondern lasse alles stehen und liegen) stets, ob
- a) derjenige sich gerade in einer Situation der Bedürftigkeit befindet oder ich einfach nur die bequemste/günstigste/ scheinbar wehrloseste Option für ihn darstelle.
- b) ich dem Fragenden wirklich helfen möchte, oder ob ich nur aus Feigenettigkeit »Ja« sagen würde. Und dann sage ich »Nein«!

- Bittet mich Hanni, ihre Treppe zu putzen, weil sie gerade einen Gichtanfall und Schmerzen in den Händen hat, sage ich: Ja, klar!
- Bittet mich mein Friseur, mir noch mal von der Azubine die Haare schneiden zu lassen (»sie kann doch nur durch Üben besser werden«), sage ich: Nope!
- Bittet mich Gabriela aus der Sportgruppe, sie am nächsten Mittwoch auf dem Weg zum Sport einzusammeln, weil ihr Auto da in der Werkstatt ist, sage ich: Ja, klar!
- Bittet mich das nervige Frauchen aus der Hundeschule, »wie alle anderen aus dem Kurs« auch einen Kuchen fürs Sommerfest des hiesigen Tierheims zu backen, sage ich: Nope. Auch wenn der Erlös dem Bau eines neuen Katzenhauses zugutekommt. (Ich spende lieber direkt; davon haben wir beide mehr, das Tierheim, und ich auch. Von den zwölf bis sechzehn Personen, denen mein Kuchen erspart bleibt, mal ganz zu schweigen …).

Sie verstehen das Prinzip? Es geht nicht darum, niemandem einen Gefallen zu tun. Auch gern guten Bekannten, solange es entweder ein einmaliges Anliegen ist oder auf Gegenseitigkeit beruht.

Bemerkt man aber, dass das Geben und Nehmen aus dem Gleichgewicht gerät, dann sagt man dem Gierhals, dass er sich zum Teufel scheren soll. Das kostet am Anfang ein wenig Überwindung. Aber nein, die »Ich bin dann mal weg«-Taktik stellt keine Alternative dar: Miese gute Bekannte sind nämlich anhänglich. Wie Klebstoff. Die finden einen. Hier funktioniert nur die Konfrontation. Sie werden aber feststellen, dass sich das Leben ohne diese Energie-, Zeit- und/oder Geldfresser viel besser anfühlt. So viel besser, dass wir ein einziges unangenehmes »Fuck you«-Gespräch durchaus dafür in Kauf nehmen.

TIME TO SAY GOODBYE

Vielleicht haben Sie ein wenig Sorge, dass die Anzahl Ihrer Facebook-Freunde schlagartig nur noch gering zweistellig ausfällt, wenn Sie die rausschmeißen, die diesen Status einfach nicht verdient haben. Oder dass sich Ihr Bekanntenkreis im *real life* dann derart verkleinert, dass er gerade noch zu einer Runde Skat taugt.

Ruhig Blut! Erstens gilt bei sozialen Kontakten grundsätzlich die Prämisse: Qualität geht vor Quantität. Und zweitens belegt eine Studie der Evolutionspsychologen Satoshi Kanazawa (London School of Economics) und Norman Li (Singapore Management University), dass intelligente Menschen sich umso wohler fühlen, je kleiner die Anzahl ihrer sozialen Beziehungen ist. Das hängt laut der Glücksforscherin Carol Graham unter anderem damit zusammen, dass Intelligente weniger Zeit in Gesellschaft verbringen, um ihre langfristigen Ziele besser und intensiver verfolgen zu können. Während wirklich gute Freunde für unser persönliches Wohlbefinden unerlässlich sind, gelten Bekannte damit als verzichtbar – und wer schon so seine Erfahrungen mit den Martins dieser Welt gemacht hat, weiß, wie sehr die ablenken.

Je kleiner der Bekanntenkreis, desto höher der IQ? Na, wenn das nicht motiviert, mal auszusortieren und die Altlasten *(hm, wer nach noch mal Arne? Ach, mal beim Darts im Irish Pub getroffen, das früher in dem heutigen Burger-Laden war. Und Kirsten? Könnte die Ex von Markus sein, der letztes Jahr sein Coming-out hatte)* zu kicken.

Während uns das bei Martins und Markus' Exfreundin relativ leicht fällt, ist das bei denen, die in der Schublade »Freunde« rumgammeln, deutlich schwieriger. Ich weiß nicht, wie's Ihnen geht, aber bei mir ist der Inhalt dieses Fachs ziemlich fix. Es dauert länger, bis man reinrutscht – echte Freundschaft braucht schon ein bisschen Zeit –, aber wer einmal drin ist, den schmeiße ich nicht ohne Weiteres wieder raus. Mit Freunden ist es nämlich so ein kleines bisschen wie im öffentlichen Dienst: Mit jedem Jahr, das man länger dabei ist, steigt man auf. Und die Kündigungsfrist wird länger. Andererseits, das mögen Sie mir jetzt bitte nachsehen, falls Sie im Staatsdienst tätig sind: Viele Jahre bedeuten nicht bei jedem zwangsläufig viel Kompetenz.

Friederike (haben Sie schon kennengelernt, genau, die Kobe- und Makler-Liebhaberin) schickte mir vor nicht allzu langer Zeit die Einladung zu ihrer Hochzeit mit eben jenem Real-Estate-Leander. Ich hielt den Umschlag mit einem lachenden und einem weinenden Auge in der Hand, denn ich wünsche Friederike alles Glück der Welt. Aber es wäre halt schon irgendwie schön gewesen, wenn das nicht gleichzeitig Leander beinhaltet hätte. Sei's drum.

Die Trauung und anschließende Feier war natürlich nicht, wie bei anderen Eheschließungen, denen ich üblicherweise so beiwohne, in einem heimeligen kleinen Kapellchen geplant, mit anschließendem Essen im Fußballvereinsheim Rot-Weiß-Hinterwäldlingen, nein: Heilige Messe im Dom und nachher rauschende Ballnacht in einem Schlosshotel mit Sterne-Restaurant. Um Antwort wird gebeten. Och nö ...

»Wir haben absolut nichts anzuziehen für eine Veranstaltung in diesem Rahmen«, urteilte ich eine Weile später bei der Inspektion unserer Kleiderschränke. »Oh je, muss ich mir dafür etwa einen neuen Anzug kaufen?«, fragte Göttergatte alarmiert. »Nicht, wenn du es in acht Wochen schaffst, wieder in dein Outfit von unserer Hochzeit zu passen«, gab ich zurück.

»Okay, also ein neuer Anzug«, schlussfolgerte er messerscharf.

»Jep, und ich ein neues Kleid. Und dann brauchen wir noch ein Geschenk. Wird eine teure Angelegenheit. Und das Schlimmste ist, dass ich hungrig nach Hause fahren werde«, orakelte ich.

»Warum gehen wir denn eigentlich hin?«

Was für eine Frage! Empört erklärte ich, dass Friederike schließlich eine Freundin aus Kindertagen sei. »Ihr habt euch doch die letzten Monate überhaupt nicht mehr gesehen«, wandte Göttergatte ein. »Quatsch! Wir haben uns bei … also im … getroffen. Hm, okay, vielleicht gab es gerade dieses Jahr nicht *so* viele Treffen, aber erstens ist das ja auch noch nicht zu Ende, und zweitens – Friederike ist meine Freundin!« Mit hochgezogenen Augenbrauen meinte Göttergatte nur: »Definiere: Freundin.« Und dann schnappte er sich den Hund für einen Spaziergang.

Die nächsten Tage grübelte ich darüber nach, was wir Friederike schenken konnten. Und, psst, was das Geschenk denn ungefähr kosten würde. Im Internet las ich, dass ein Hochzeitspräsent mindestens dem Gegenwert des Verzehrs auf der Feier entsprechen solle. Ich schaute auf der Homepage des Restaurants nach dem ungefähren Preisgefüge. Au weia. Das Essen von Göttergatte und mir entsprach schon in etwa zwei Hotelübernachtungen auf meiner Lieblingsinsel Texel. Für zwei Personen. Mit Frühstück! Und wenn ich den ganzen Wein hinzurechnete, den ich brauchen würde, um die Veranstaltung halbwegs gelassen zu überstehen (und ohne eine Portion Pommes zu bestellen), dann könnte man davon wahrscheinlich gleich eine ganze Woche Nordseeluft schnappen. Dabei hatte ich nicht mal Lust hinzugehen!

»Fuck Nobelhochzeitsfeiern«, verkündete ich allen, die es nicht wissen wollten. Und sammelte Ideen für ein kreatives Geschenk. Diana, die Friederike nie wirklich leiden konnte, plädierte für eine Spende an ein Frauenhaus (»Die haben doch eh Kohle bis zum Umfallen«). Hanni schlug vor, einen jungen Baum zu schenken, der mit jedem Jahr Ehe wächst (die beiden bewohnen aber ein Penthouse mit sichtbetonierter Dachterrasse und asiatischem Steingarten). Gabriela führte ein Partnerjahresabo fürs Fitnessstudio ins Feld und Frau Waltner (Sie erinnern sich, die Steuerberatungsfachdingsdatante) empfahl einen kleinen Goldbarren. Friederike schien mir aber eher so der Platin-Typ geworden zu sein.

Nichts passte so richtig; eigentlich wusste ich auch gar nicht, was überhaupt passen könnte, da ich
- a) das Penthouse noch nie von innen gesehen hatte
- b) Leander noch weniger kannte als den unfreundlichen Metzger
- c) mich lange nicht mehr wirklich mit Friederike unterhalten hatte, von oberflächlichem Blabla am Telefon mal abgesehen.

Da ich keinerlei Motivation verspürte, an a) und b) etwas zu ändern, nahm ich c) in Angriff und rief die künftige Braut an, mit dem festen Vorsatz, endlich mal wieder zur »alten Friederike« durchzudringen, die ja irgendwo unter Escada und Kobe noch zu finden sein musste.

»Hey, ich wollte mal hören, wie es dir geht, und wie du dich so fühlst mit Hochzeit und so, wir haben ja ewig nicht mehr richtig gequatscht ...«, begann ich. Und kam auch nicht weiter.

»Ach, hallo Steffi, du, ich bin im Moment total busy, aber wir sehen uns ja dann auf der Hochzeit, da plaudern wir, ja?«

»Ähm, die Feier ist doch erst in sechs Wochen?«

»Ja, du weißt ja, wie das ist, und was man vorher so alles zu tun hat; da nervt alles, was noch außer der Reihe kommt.«

... so wie dein Anruf gerade, vervollständigte ich den Satz in meinem Kopf.

»Okay, aber – halt, noch nicht auflegen, bitte! – kannst du mir vielleicht einen Tipp geben, womit wir euch eine Freude machen könnten? Ich habe schon ein paar Ideen, würde dir aber gern das schenken, was du wirklich haben möchtest und –«

»Herzchen, mach dir da keine Mühe, wir freuen uns am meisten über Geld.«

»Ähm, Geld? Finde ich eigentlich nicht so schön, ich würde schon gern was Persönliches –«

»Du hast mich aber doch gerade gefragt, worüber wir uns freuen würden, oder?«

Das Gespräch endete daraufhin recht schnell. Und ich musste feststellen, dass ich entweder nicht mehr zum erlauchten Kreis derer gehörte, die Einlass hinter die Designerkleidung erhielten – oder dass da nur noch Holzwolle wie in alten Teddys wohnte. Natürlich war es Friederikes gutes Recht, sich Geld zu wünschen und ich damit aller Geschenkegrübelei auf einen Schlag enthoben. Es widerstrebt mir auch nicht grundsätzlich, Scheine zu verschenken. Meine Neffen etwa wünschen sich in schöner Regelmäßigkeit Bares, das ich dann möglichst einfallsreich und nett als irgendwas verkleide, als Schiff oder Sardinenbüchse oder so. Das ist okay, und ein typischer Fall von *sie sind jung und brauchen das Geld*.

Die Situation stellte sich bei Friederike und Leander aber nun mal ein wenig anders dar (das hoffte ich jedenfalls für sie, ansonsten stünde nach der Feier vermutlich die Privatinsolvenz ins Haus).

Mein Widerwillen gegen diese Hochzeit – oder drücken wir es anders aus: gegen meine Anwesenheit bei dieser Hochzeit – wuchs stetig.

Definiere Freundin: Göttergattes Worte kamen mir wieder in den Sinn. Gar nicht so einfach, eine Erklärung für so was Grundlegendes zu finden.

> *Freundschaft, das ist eine Seele in zwei Körpern.*
> ARISTOTELES

Nun ja, eine sehr plakative Beschreibung, die aber bei den allerbesten Lieblingsmenschen schon irgendwie zutrifft. Für Friederike und mich, das konnte ich glasklar feststellen, passte sie nicht.

Ein Freund, ein guter Freund, das ist das Schönste, das es gibt auf der Welt, sang Heinz Rühmann vor vielen Jahren. Wieder musste ich verneinen. Friederike ist für mich nicht das Schönste auf dem Globus, und soweit ich das nach dem Telefongespräch beurteilen konnte, gab es für sie auch deutlich Ansprechendere(s) als mich.

Sozialpsychologen und andere schlaue Menschen hatten mal ein paar grundlegende Gebote festgelegt, die eine gute Freundschaft erfüllen sollte.

Punkt 1: In schlechten Zeiten Hilfe anbieten. Hm. Hatte Friederike im letzten Jahr schlechte Zeiten gehabt? Entweder Nö (eher unwahrscheinlich) oder sie bekam von jemand anderem als mir Hilfe. Ich von ihr? Ebenso Fehlanzeige.

Punkt 2: Kontakt halten und sich füreinander Zeit nehmen. Au weh. Galten zwei circa zwanzigminütige Telefongespräche innerhalb eines Jahres plus natürlich die drei Minuten von vorhin als »Zeit nehmen«? Wohl eher nicht.

Punkt 3: Persönliche Gedanken und Gefühle offenbaren. Na ja. Ich wusste immerhin, dass Friederike früher Sandkuchen und *Puschel, das Eichhörnchen,* heute Kobe, Makler und Sichtbeton mochte. Ich ahnte aber, dass das unter Sozialpsychologen ein missbilligendes Kopfschütteln auslösen würde.

Es ging so weiter, die Liste durch – und summa summarum kam ich zusammenfassend zu dem Ergebnis, dass es mit »Friederike ist meine Freundin« wohl nicht mehr allzu weit her war.

Tat diese Erkenntnis weh? Nicht wirklich. Würde ich sie vermissen, wenn sie nicht mehr Teil meines weiteren Lebens wäre? Nein. War sie ja jetzt schon nur noch in homöopathischen Dosen. So wie ich bei ihr.

»Ich hab den Anzug abbestellt«, offenbarte ich Göttergatte abends, als er vor dem Spiegel den Bauch einzog und dabei überlegte, ob er die Hose nicht doch vielleicht eine Nummer größer hätte ordern sollen. »Und was ziehe ich dann auf der Hochzeit an?!«, fragte er irritiert.

»Nix«, antwortete ich, was ihn noch mehr verdutzte.

»Sind Friederike und Leander unter die Nudisten gegangen?«

Uaaah. Bilder in meinem Kopf, Hilfe! »Nein, aber ich würde gern absagen, wenn dein Herz nicht allzu sehr am Besuch dieser Feier hängt«, gab ich zu.

»Okay«, nickte Göttergatte.

Liebe Friederike, lieber Leander,
leider können wir nicht zu Eurer Hochzeit kommen, aber wir wünschen Euch ein wunderbares Fest und vor allem viele glückliche Jahre zu zweit. Ihr wisst ja, Lebensende mit drei Buchstaben? Ehe!
Macht das Beste draus und feiert schön,
Steffi und der Göttergatte

Als ich die Karte in den Briefkasten warf, überkam mich ein Hochgefühl. Ich musste nicht zur Sterne-Hochzeit! Kein Crevettenschaumschlägersüppchen mit Überkandidelt-Croûtons und Wohlstandsspeckstreifen! Kein Dreierlei des vom Aussterben bedrohten australischen Buschkaninchens an gefüllten Erbsen und blattgoldlegierter Brillantsplittersoße! Keine überteuerten Outfits, die ich nachher bei eBay losschlagen musste, um den finanziellen Verlust halbwegs in Grenzen zu halten. Und vor allem: kein Bargeld fürs Brautpaar! Jauchzet und frohlocket!

Während Friederike und Leander sich und dem Luxusleben ewige Treue schworen, steckte ich die gesparte Kohle in meine »Ich will wieder nach Texel!«-Spardose. Ja, die gibt es wirklich. Und wann immer ich ehrlich statt feigenett bin, kommen weitere zehn Euro dort hinein. (Nein, für einen Urlaub reicht's noch nicht, aber es wird!) »Fuck you, völlig veraltete Freundschaften, die keine mehr sind«, gelobte ich feierlich.

»Eigentlich hättest du Friederike dafür aber auch sagen müssen, dass du eure Freundschaft als beendet betrachtest«, kritisierte Göttergatte, als ich den Gegenwert seines Anzugs im sich deutlich füllenden Porzellanschwein versenkte. »Du erinnerst dich, ›nur Kommunikation kann zum Erfolg führen, Vermeidung nicht‹?«

Ja, darüber hatte ich mir auch Gedanken gemacht. Tatsächlich wäre in diesem Fall aber jedes Wort verschwendet gewesen, denn einen »Erfolg« gab's hierbei nicht zu erzielen. Zwischen Friederike und mir standen keine zu klärenden Unstimmigkeiten, sondern uns trennte eine tendenziell größer werdende Kluft an unterschiedlichen Interessen, Geschmäckern, Lebensvorstellungen. Wir hatten uns einfach auseinandergelebt. Und egal wie sehr wir uns auch gegenseitig verfluchen würden: Jede von uns beiden fühlte sich auf ihrer Seite wohl, keine wollte zur anderen überlaufen. Damit war doch alles gut – es würde sich schon über kurz oder lang ein(e) andere(r) einfinden, der den leeren Freundschaftsplatz besser ausfüllen würde. »Und wenn nicht, dann bin ich halt intelligent«, erklärte ich Göttergatte, der daraufhin ratlos die Stirn runzelte.

Freundschaften sind keine statische Größe, leider. Manchmal verändern sie sich, und manchmal ist da, wo mal Gemeinsamkeiten und Zuneigung waren, halt irgendwann nur noch Holzwolle übrig. Konflikte lassen sich durch ~~Streit~~ Kommunikation oftmals klären, Holzwolle nicht. Das ist dann aber nicht Ihre Schuld oder die des anderen, sondern einfach Leben. Wenn Ihnen danach zumute ist, dann lassen Sie's raus, schreien Sie's vom Balkon oder die Person direkt an. Zu verlieren haben Sie ja nix. Aber wenn nicht, dann sagen Sie halt ausnahmsweise nur leise, vielleicht auch ein klein bisschen melancholisch – fuck it. Und beherzigen Sie den folgenden Spruch:

Du kannst die Menschen um dich herum nicht verändern, aber du kannst verändern, welche Menschen um dich herum sind!

Es gibt bald acht Milliarden davon auf der Welt. Darunter sollte sich doch ein neuer Freund finden lassen.

FREUNDSCHAFT TO GO

Punkt 2 auf der sozialpsychologischen Checkliste der Freundschaftsgebote – Kontakt halten und sich füreinander Zeit nehmen – ist so eine Sache. Niemand wird bestreiten, dass es Freundschaften guttut,
- sich regelmäßig zu sehen
- zusammen zu lachen
- zusammen zu weinen
- zusammen zu schweigen
- zusammen shoppen zu gehen
- sich öfter mal in den Arm zu nehmen

und vieles mehr, wofür physische Nähe definitiv von Vorteil ist. Während das früher die Regel war – man wurde an einem Ort geboren und blieb da eben, bis das Taxi gen *Himmel/Hölle/ewige Jagdgründe/Nirwana/Wiedergeburt zur Amöbe* wartete –, sind räumliche Trennungen heute an der Tagesordnung. Auf diese Weise bereinigt sich die Freundschaftsliste oft schon auf ganz natürliche Weise.

Früher (ich bin bis jetzt fünfzehnmal umgezogen und wohnte in drei verschiedenen Bundesländern) nahm ich gern die bequeme »Ich bin dann mal weg«-Taktik zu Hilfe; ging mir jemand insgeheim auf den Zeiger, meldete ich mich nach dem Umzug eben einfach nicht mehr. Das hatte dann zwar zur Folge, dass der Gemiedene gar nicht wusste, dass er mit einer Eigenschaft nervt, wodurch er beim nächsten Menschen den gleichen Fehler eventuell wieder beging (zum Beispiel Klammern, In-der-Nase-popeln-und-den-Finger-am-Sofa-abwischen, Geizigsein, die eigene politische/religiöse/kulinarische/_____ Meinung anderen aufdrücken wollen und dergleichen mehr), aber nach mir die Sintflut.

Heute bemühe ich mich in solchen Fällen um Offenheit; statt dem üblichen Abschiedsgeschwafel
- ich komm dich besuchen
- du kommst mich besuchen
- wir telefonieren dreimal die Woche
- BFF,

während ich in Gedanken schon den WhatsApp-Kontakt blockiere, sage ich ehrlich: »Du, die Zeit mit dir hier war schön, aber ich glaub nicht, dass das mit den BFF was wird, denn eigentlich nervt mich deine Angewohnheit _____. Nicht sauer sein, mach's fein.«

Das ist klar und sauber. Fuck you, du feige »Ich bin dann mal weg«-Taktik! So weiß mein Gegenüber, woran es ist und kann sich überlegen, ob es das Nasepopeln/Missionieren/Igel in der Tasche beim nächsten Kontakt vielleicht besser steckenlässt. Oder er kann mich einfach nicht mehr leiden und trauert mir dann wenigstens nicht hinterher. Ich wiederum muss am neuen Wohnort nicht die Handynummer wechseln bzw. mich über Wochen totstellen, wenn es klingelt. Respektive jegliche Anrufe mit der automatischen Antwort »Ich bin in einer Konferenz« abweisen.

Andere Menschen hingegen wachsen einem derart ans Herz, dass es schwerfällt, sich räumlich von ihnen zu entfernen. Denn, da sind sich Experten sicher: Freundschaften brauchen gemeinsame Rituale. Ob es nun das regelmäßige Treffen in der gemeinsamen Stammkneipe ist, der Sex-and-the-City-Marathon am Wochenende (DVD, um Missverständnissen vorzubeugen), gemeinsames Warzenbesprechen bei Vollmond oder die Nordic-Walking-Runde am Samstagnachmittag: Dinge, die wir regelmäßig gemeinsam tun, verbinden uns. Ja, klingt spießig, ist es auch. Ein Großteil der Fixpunkte einer Freundschaft beruht jedoch auf Nähe – jeden Samstag Hunderte Kilometer von Frankfurt nach München zu fahren, um da gemeinsam ein Stündchen laufen zu gehen, das funktioniert halt nicht. Und fehlen uns die ehemaligen Rituale, geht das schnell auf Kosten der Verbindung. Eine Freundschaft auf Entfernung ist deshalb aber noch lange nicht zum Scheitern verurteilt. Entscheidend ist, ob wir willens und in der Lage sind, alternative Rituale zu kreieren, die uns bei der Stange halten. Ich gebe es zu: Sehr gut bin ich darin nicht. Man könnte meinen diesbezüglichen Einsatz womöglich gar als unterdurchschnittlich bezeichnen. Woran das so genau liegt, kann ich gar nicht sagen.

Meine Freundin Ela (kurz für MANUela, nicht GABRIela) lebt etwa noch immer in Baden-Württemberg, während ich vor ein paar Jahren von dort weggezogen bin. Jetzt trennen uns gut dreihundert Kilometer, und das ist nicht schön. Wir verbrachten, als wir beide noch am gleichen Ort lebten, viel Zeit miteinander, und ich konnte alle Punkte des Freundschaftschecks nickend abhaken. Als der Umzugstag gekommen war, sagten wir beide gar nicht viel, das Abschiedsgeschwafel fiel völlig flach. Denn wir waren beide so verheult, dass außer »hast du zufällig ein Taschentuch« und »steht der Möbelwagen nicht mitten in den Rosen deiner Nachbarn?« einfach nichts herauskam. Dass wir in Kontakt bleiben würden, war sowieso klar, und in den ersten Wochen telefonierten wir mindestens dreimal die Woche. Dann kam sie Göttergatte und mich über ein langes Wochenende besuchen, und als sie fuhr, hatten auch die Tränenkanäle wieder kräftigen Durchlauf.

Das regulierte sich mit der Zeit natürlich ein bisschen; die Telefonate pendelten sich auf einmal wöchentlich ein, so blieben wir auf dem jeweils aktuellen Stand. Irgendwann hatte Ela dann zwei Wochen Urlaub und war anschließend krank, sodass sie aufgrund der Heiserkeit nicht quatschen konnte. Ich nahm mir ganz fest vor, ihr eine »Gute Besserung«-Karte zu schreiben, erwarb auch eine, doch die Briefmarke fehlte, und bis ich das nächste Mal zur Post kam, war Ela glücklicherweise schon wieder fit.

Wir telefonierten wieder, doch irgendwie schlich sich die Entfremdung auf leisen Sohlen ein. Sie erzählte von Bekannten, die ich nicht mehr kennengelernt hatte, aus meiner Umgebung kannte sie ohnehin niemanden, die Gespräche gerieten ins Stocken. Daraus resultierte, wenn ich ehrlich bin, dass ich weniger Lust auf Telefonate mit Ela hatte, gleichzeitig viel zu tun – und wie kriegte es diese Frau nur hin, ausgerechnet immer dann anzurufen, wenn:

- ich gerade gedanklich mitten in einem wichtigen Artikel steckte
- ich mit dem Hund draußen war
- ich unter der Dusche stand?

Logischerweise ging ich nicht dran, was dazu führte, dass Ela auch dann anrief, wenn:

- ich gerade ein Nickerchen machen wollte
- ich nicht mit dem Hund draußen war
- ich in der Badewanne lag.

Sie werden jetzt vielleicht einwenden, dass letztere Zeitpunkte doch super Gelegenheiten für einen Telefonplausch gewesen wären. Ich wollte aber dann telefonieren, wenn ich eben wollte, und nicht nur deshalb, weil da gerade das Telefon klingelte!

Dem entgegen stand die Tatsache, dass ich dummerweise eigentlich gar nicht mehr so richtig telefonieren wollte, und dass nicht stattgefundene Telefonate künftige durchaus erschweren können. Sie schrieb mir per WhatsApp, dass ich mich doch mal melden sollte, sie würde irgendwie immer zum falschen Zeitpunkt anrufen, jedenfalls ginge ich nie ran, und sie würde mich vermissen. Meine Güte! Ich war halt beschäftigt, schließlich gab es ja auch noch ein Leben ohne Ela; war ich denn nur dazu da, ihre Sehnsucht nach mir zu erfüllen? Irgendetwas lief schief, ich spürte es: In mir drin baute sich eine immer größere Abneigung gegenüber einem Menschen auf, den ich mal sehr gemocht hatte.

Ela löste das Problem auf nachhaltige Weise. Da ich ihre Anrufe nicht entgegennahm und Nachrichten auf WhatsApp einfach ungelesen ließ, schrieb sie mir einen Brief. In diesem erklärte sie mir, wie bescheiden sie mein Verhalten fände.

Hier nur ein kleiner Auszug:

Liebe Steffi, die Du eigentlich gar nicht lieb, sondern vielmehr eine richtig blöde Kuh bist: Ich hab mir jetzt wirklich lange genug den Arsch aufgerissen, um Dir treulosen Tomate hinterherzulaufen. Das hier ist der ultimativ letzte Versuch, unsere Freundschaft aufrechtzuerhalten, und wenn Du darauf auch nicht reagierst, dann steck Dir meine Nummer einfach dahin, wo die Sonne nie scheint, Du scheinheiliges Miststück. Ich finde es total scheiße von Dir, dass Du mich ignorierst, und ich hab vor allem keine Ahnung, warum. (…)

Erst mal war ich, gelinde gesagt, vor den Kopf gestoßen. Das war insgesamt schon harter Tobak, und der bequeme Teil in mir wollte sich jetzt auf der Kränkung ausruhen und Ela sagen »leck mich doch«. Oder vielmehr, Ela gar nichts mehr sagen. Doch so gern ich es verleugnet hätte, war mir natürlich schon bewusst, dass sie mit ihren Worten weitestgehend (*autsch*) recht hatte. Gleichzeitig wurde mir klar, dass meine Abneigung gegenüber dem Menschen, den ich mal sehr gemocht hatte, nicht ihr galt – sondern mir selbst …

Eine echte Freundschaft muss deutliche Worte ertragen, auch mal Schimpfworte und/oder Flüche. Diese Meinung vertrat ich doch schließlich – da durfte ich mich jetzt wohl kaum als beleidigte Leberwurst in die Schmollecke oder den Schrank verziehen. Wer austeilt, muss auch einstecken können! (Und das gilt natürlich auch künftig für Sie, wenn Sie nach Lektüre dieses Buches ein wenig großzügiger mit dem Austeilen sind …)

Ich stellte mich mal wieder vor meinen Spiegel und suchte diesmal nach Eigenschaften, die ich selbst *überhaupt nicht* an mir mochte. Siehe da, es kamen einige zusammen. Ein paar. Wenige. Ist ja auch wurscht, ich werde Sie jetzt ohnehin nicht mit der gesamten Liste langweilen (dieses Buch verfügt ja nur über eine begrenzte Seitenzahl). Letztlich konnte man die meisten unter *fetter innerer Schweinehund* zusammenfassen. Gerade was meine Freundschaft zu Ela anging, hatte ich die seltsame tierische Kreuzung gemästet, was das Zeug hielt. Es wurde Zeit, diesen meinen »bei solchen Ausmaßen müssen wir schon von adipös sprechen, Frau Drönner«-Mitbewohner auf Diät zu setzen (nein, nicht die Katze) und mir selbst kräftig in den Hintern zu treten.

Letzteres erwies sich physisch als schwierig. Göttergatte bot zwar vertretungsweise seine Dienste an, aber die lehnte ich dankend ab. Ersteres fand ich auch nicht gerade sooo einfach. Schließlich hieß das, Ela anzurufen und sie um Verzeihung zu bitten. »Ich hab mich scheiße verhalten«, bekannte ich.

»Ja, du bist 'ne blöde Kuh, sag ich ja«, antwortete sie – und dann mussten wir beide lachen.

Damit war die Sache natürlich nicht vergessen, aber zumindest das Eis gebrochen. Wir telefonierten fast drei Stunden, bis der Akku den Geist aufgab. Und ich nicht nur meine Absolution erhalten hatte, sondern auch das glasklare Bewusstsein dafür zurückgewonnen, dass ich die Freundschaft mit Ela auf keinen Fall entbehren konnte.

Freundschaften erfordern tatsächlich eine Menge Pflege, solche auf Entfernung noch ein wenig mehr. Deshalb hat man ja auch nicht unzählige davon. Meine echten Freundschaften lassen sich problemlos an einer Hand abzählen. Das ist okay, denn mehr könnte ich auch gar nicht gerecht werden. Und selbst bei dieser Handvoll, insbesondere, wenn sie nicht um die Ecke wohnen, ertappe ich mich manchmal dabei, schludrig zu werden. Dann erinnere ich mich an Elas Brief, der ebenfalls einen Platz an der Pinnwand bekommen hat. Und trete meinem inneren Schweinehund in seinen wohlgerundeten Hinterschinken.

Überlegen Sie mal, ob es da nicht jemanden gibt, der sich jetzt über
- Ihren Anruf
- einen spontanen Besuch
- eine Postkarte
- ein Blümchen von Fleurop

oder einfach über eine Kurznachricht mit »Ich denke gerade an Dich, wann sehen wir uns denn mal wieder, ist schon viel zu lange her!« freuen würde. Derjenige muss auch nicht mindestens dreihundert Kilometer weit weg wohnen. Er darf ruhig im Nachbarort leben. Na?

Falls ja – dann fühlen Sie sich doch jetzt ganz herzlich und in aller Freundschaft von mir in den Hintern getreten. Fuck Schweinehunde!

AUCH DIE BESTEN HABEN FEHLER

Göttergatte hat das mit dem Pflegen der Freundschaften ganz gut raus, selbst bei solchen »to go«, also auf Entfernung. Da gibt es zum Beispiel Christoph, einen früheren Schulkameraden von ihm; und ich verrate nicht zu viel, wenn ich sage, dass die Schuljahre der beiden schon ein ganzes Weilchen vorüber sind. Ergo hält die Freundschaft zwischen Göttergatte und Christoph schon seeehr lange. Und das, obwohl es keine Zeit nach dem Abi gab, in denen zwischen ihren Wohnorten weniger als dreihundert Kilometer Entfernung lagen.

Christoph hat allerdings eine Eigenschaft, die Göttergatte Jahrzehnte lang verflucht hat: Christoph vergisst grundsätzlich seinen Geburtstag. Ihm sind diese Tage, an denen jemand zufällig aus dem Ei geschlüpft ist, nicht wirklich wichtig. In Christophs Hirn steckt auch deutlich Gravierenderes; der Gute ist nämlich sehr belesen, und wenn man mag, kann man mit ihm ewig Fachsimpeln darüber, was uns Schopenhauer, Kant oder Kierkegaard so mit ihren Texten sagen wollten. Ich mag das nicht so, aber Göttergatte liebt es, mit Christoph über alles Mögliche zu philosophieren. Was er eben nicht liebt ist, dass es Christoph einfach nicht auf die Reihe kriegt, ihm »nur ein einziges, verdammtes Mal« zu seinem Wiegenfest zu gratulieren.

Es ist nicht so, dass Göttergatte ihn auf diesen Umstand nicht bereits mehrfach hingewiesen hätte, auch mit durchaus markigen Worten. Und es ist ebenfalls nicht so, dass Christoph sein Gedächtnis bösartig auf Durchzug stellt; er ist durchaus gewillt, sich »das Datum aber diesmal wirklich zu merken« und nicht mehr zu vergessen. Er vergisst diesen Willen nur einfach wieder.

Nach jahrelangem Hin und Her hat Christoph zu seinem letzten Geburtstag (wir vergessen seinen nämlich nicht) eine Schreibtischunterlage mit integriertem Geburtstagskalender bekommen. Göttergatte selbst hat seinen darauf mit fettem Rotstift vermerkt. Drücken Sie die Daumen, dass es diesmal funktioniert!

Meine Freundin »Fuck you, Jacobsfotze«-Diana legt eine Eigenschaft an den Tag, die mich erheblich mehr nervt, als wenn sie meinen Geburtstag vergessen würde: Sie is(s)t vegan. Das eine »s« steht in Klammern, weil es sich bei ihr nicht nur um eine ohnehin schon komplizierte Ernährungsform handelt. Diana isst nicht nur vegan, sie *ist* es – und lässt dabei keine Gelegenheit aus, andere ebenfalls davon überzeugen zu wollen. Grundsätzlich handelt es sich natürlich nicht um einen Fehler, wenn man für seine eigenen Überzeugungen einsteht. Doch ein »Nein, sorry, vegan kommt für mich nicht infrage« reicht bei Diana nicht. Sie missioniert und stimuliert dabei das eigene soziale Gewissen derart, dass man es zum Teufel wünscht und sie gleich mit.

Nicht falsch verstehen: Ich esse wenig Fleisch und Eier, kaufe beides nur als Bioprodukte (bei Kartoffeln hingegen ist es mir relativ egal, ob die vorher Tageslicht und genug Auslauf hatten) und finde es entsetzlich und grotesk, wenn im Discounter ein Kilo Hähnchenflügel billiger zu haben ist als ein Kilo Paprikaschoten. Doch wenn man mit Diana einen Kaffee trinken geht und sie verhört die arme Bedienung, ob das denn jetzt Biomilch in *meiner* Tasse wäre, oder doch von einer armen, ausgebeuteten Kuh, die ihr Leben lang nur Stallwände sieht und ... Ich erspare Ihnen den Rest. Die Lust auf den Kaffee vergeht mir dann jedenfalls, und die nur zu einem Viertel geleerte Tasse kann ich erst eine Stunde später bezahlen, weil sich das verschreckte Mädel nicht mehr zum Kassieren an unseren Tisch traut.

»Hast du neue Schuhe?«, fragte mich Diana kürzlich, als wir uns auf einen *Tee* (aus gutem Grund: den trinke ich ohne Milch) in der Stadt trafen.

»Ja, sind die nicht chic? Ich liebe die Farbe, und guck mal, wie raffiniert der Absatz –«

»Die sind aus *Leder.*« Glauben Sie mir, das sagte sie in einem Tonfall, als liefe ich auf dem Fell der letzten vom Aussterben bedrohten australischen Buschkaninchen, die nicht in Friederikes Hochzeitsmahl den Tod fanden.

Solche Situationen nerven mich. Nicht zu knapp übrigens. Nervt mich deshalb Diana? Quatsch. Sie ist ja nicht nur vegan, sie ist auch durchaus liebenswert. Ergo sage ich nicht: Fuck you, Diana. Ich sage aber durchaus: Fuck, Diana! Und ergänze es durch »halt die Klappe, ich will jetzt keinen Vegan-Scheiß hören, sondern in Ruhe mein knusprig gebratenes Hähnchen vertilgen, ohne dass du mit deinem giftigen Blick Salmonellen auf meinen Teller guckst«. Das kann eine Freundschaft ab. Und dafür stelle ich mich auch gern mit ihr und einem mit Plakafarbe bemalten Betttuch auf eine Demo gegen Massentierhaltung. Dagegen sind wir nämlich beide.

Mein Kumpel Gregor (Sie erinnern sich, der Sizilianer) lebt alles andere als vegan – und ja, er hatte diesbezüglich auch schon hitzige Diskussionen mit Diana, wenn die beiden sich mal wieder auf einer Party trafen und in die Haare kriegten. Insgeheim erwarte ich ja, die zwei Hitzköpfe irgendwann mal irgendwo in flagranti zu ertappen, denn was sich liebt, das verflucht sich, oder so. Inniger als diese beiden könnte man demnach kaum füreinander empfinden.

Auch Gregor hat eine Macke, die mich zum Brodeln bringt, und zwar schneller als jeder Hochleistungswasserkocher. Dabei trifft sie mich nicht mal persönlich, denn er lebt sie in erster Linie bei seinen ständig wechselnden Herzdamen aus. Dass die im rotierenden System an mir vorbeirauschen (er möchte zu jeder meine Meinung wissen), liegt nicht etwa daran, dass Gregor sich immer die Falschen aussucht. Es liegt vielmehr in dem Umstand begründet, dass er alle mit »la mamma« vergleicht – und augenscheinlich keine der Damen seiner Mutter das Wasser reichen kann. Eine genaue Beurteilung dessen ist mir nicht möglich, da Gregors *mamma* bereits vor einigen Jahren verstorben ist und ich sie nie persönlich kennenlernen konnte. Was, wenn man ihrem Sohn nur in Bruchteilen Glauben schenken darf, annähernd so tragisch ist, wie dass ich Mutter Teresa, die heilige Maria und Mamma Miracoli ebenfalls knapp verpasst hab.

»Silke war nett, ja. Aber die Haare hatte sie nicht so schön wie *mamma*.«

»Du hättest Katrins Pizzateig sehen sollen! Lächerlich, kein Italiener isst so einen Schmutz. *Mammas* Rezept wollte sie ja nicht nehmen ...«

»Nina? Die wollte höchstens zwei Kinder. Dabei hat *mamma* sich immer ganz *viele* süße Enkel gewünscht.«

»Elisabeth war im Finale für Deutschland, nicht für Italien! *Mamma* hat sich bestimmt im Grab umgedreht!«

»Stell dir vor, Alex wollte, dass *ich* abspüle! Dabei bin ich der *Mann! Mamma* hätte nie einen Mann in ihre Küche gelassen, nicht mal *papà*!«

Natürlich könnte man in diesen Situationen anmerken, dass

a) die Haare von Mitteleuropäerinnen naturgemäß häufig etwas weniger dick und kräftig sind als die von Südeuropäerinnen.

b) der Teig vermutlich auch bei der Verwendung von *mammas* Rezept nicht so geworden wäre wie *mammas* Pizza, weil die Erinnerung einfach ein paar Geschmacksverstärker drauflegt.

c) *mamma* die Anzahl der Enkel ja nun ohnehin nicht mehr miterlebt, und sie zwei vermutlich besser fände, als wenn Gregor mangels geeigneter Bruthenne ganz ohne Nachkommen bliebe.

d) verdammt noch mal Deutschland auch besseren Fußball spielt, und Italien sowieso nur per Schwalbe gewonnen hat ...

e) *Oh je. Hierauf könnte man so vieles sagen. Aber beschränken wir uns einfach darauf, dass:* die Anschaffung einer Spülmaschine manchmal die Lösung aller Probleme sein kann.

All das könnte man anmerken. Es ist aber absolut vergebene Liebesmüh. Weil ich Gregor trotzdem lieb habe (und er dringend ab und an eine Frau braucht, die ihn an *mammas* Stelle zurechtstutzt), sage ich nicht »Fuck you, Gregor«. Wenn er aber wieder rumjammernd mit seiner »alles Schlampen außer *mamma*«-Tour vor meiner Tür steht, lasse ich ihn draußen stehen: »Du kommst hier nur rein, wenn du dir das Wörtchen *mamma* verkneifst, chauvinistischer Spaghettifresser.« Dann nennt er mich *vecchia scema*, was so viel bedeutet wie Schreckschraube. Wir fluchen uns gegenseitig ins Wohnzimmer, wo er mir dann sein neues Tinder-Profil zeigt, zumindest ohne über die Defizite seiner letzten abgelegten Eroberung zu schwadronieren. Ein Flucherziehungserfolg, immerhin. Einmal sagt er das verbotene Wort aber doch: »Weißt du was, *bella*? *Mamma* –« ich schaue ihn warnend an und er grinst. »*Mamma* hätte dich sehr gemocht.«

Va bene!

Ich wiederum nerve meine Freunde etwa, indem ich ständig klugscheiße. Ja, es ist so, und ich könnte hier jetzt diesen wunderbaren T-Shirt-Spruch anbringen: *Ich bin kein Klugscheißer, ich weiß es wirklich besser!* Aber das ändert nichts an dem Umstand, dass ich gern überall meinen Senf dazugebe, auch wenn mir eventuell das Recht dazu und/oder die Kompetenz fehlt. Glücklicherweise sagen mir meine Lieben das auch regelmäßig. Und nicht immer sehr zartfühlend. Die haben das mit dem Schimpfen und Fluchen schon richtig gut drauf, dieses Pack!

Die Besten sind und bleiben es trotzdem. Oder sogar gerade deshalb. Vielleicht hat Ihnen ja auch mal früher einer den folgenden Spruch ins Poesiealbum geschrieben:

Wer offen dir die Fehler sagt, ob es dich auch verletzt, nicht schmeichelt, oder wie's behagt, die Worte sorgsam setzt – der ist fürwahr weit mehr dein Freund, als der, der schmeichelnd stets erscheint.

Da ist viel Wahres dran. Keiner ist perfekt, meine Freunde sind es nicht, und ich bin's gleich dreimal nicht. Sie wahrscheinlich auch nicht. Aber das heißt ja nicht, dass wir nicht trotzdem verdammt perfekte Freunde sein können, oder?

FUCKTEN-CHECK KAPITEL 3

Sie sind ein wahres Eldorado für Fluchgründe: die lieben und weniger lieben Freunde und Bekannte. Wir verfluchen sie insgeheim oft genug, doch seltener sprechen wir das, was wir denken, auch aus. Kein Wunder, denn Menschen, denen man häufiger begegnet, die nicht so netten Wahrheiten an den Kopf zu werfen, das erfordert schon ein wenig Mut und Fingerspitzengefühl, nicht nur im Mittelfinger.

Zunächst gilt es, Mitmenschen, zu denen wir in engerem Kontakt stehen, grob in die folgenden Kategorien einzuteilen:

4. Flüchtige Bekannte: Das doofe Frauchen aus der Hundeschule, der unfreundliche Metzger, die minderbegabte Haarschneide-Azubine, _____, _____, _____, _____, _____,

3. Gute Bekannte: Hanni und Hubi, ~~Martin~~, Gabriela, _____, _____, _____, _____,

2. Freunde: Melly (mittlerweile aufgerückt von 3.), Ela, Lieblingskollege Micha (kommt noch), _____, _____, _____, _____, _____,

1. Die Allerbesten: Diana, Gregor, Bine, Göttergatte (ja, der schon irgendwie auch, aber psst, nicht verraten!), _____, _____, _____, _____,

Je näher wir den Spitzenplätzen der Top 4 kommen, desto schwieriger wird's. Denn es geht ja nicht darum, andere zu verletzen oder ihnen die eigene Meinung aufzudrücken. Vielmehr steht im Vordergrund, sich umgekehrt nicht von ihnen

- ausnutzen
- unterbuttern
- einschüchtern
- klein machen

zu lassen. Hierzu ist zunächst wieder einmal der Check auf Feigenettigkeit – tue ich Dinge für andere, die mir widerstreben, nur weil ich sie nicht vor den Kopf stoßen will? – von essentieller Bedeutung.

Gerade bei denen, mit denen wir nicht ganz so dicke sind, neigen wir häufig dazu, etwaigen Konflikten aus dem Weg zu gehen. Warum eventuell einen Streit heraufbeschwören? Ganz einfach, weil ein solches Gewitter eben die Luft reinigt. Nicht immer herrscht danach eitel Sonnenschein, aber zumindest ist die aufgeladene, angespannte Atmosphäre endlich entlastet. Und manchmal erscheint sogar ein prachtvoller Regenbogen, mit dem Sie gar nicht gerechnet hätten.

Insbesondere bei Freunden und den Allerbesten ist selbstverständlich, dass wir gegebenenfalls auch mal für sie ins Klo greifen. Im Bedarfsfall mache ich ihnen auch den ganzen Abfluss sauber, wenn's sein muss. Jeden Scheiß müssen wir uns allerdings auch von denen nicht bieten lassen: Wird's zu viel, mutiert man vom Rohrschatz mal eben zum Rohrspatz – und schimpft.

Fluchen ist eine Form der Kommunikation, und diese wiederum das, was uns Menschen verbindet. Keine Kommunikation = keine Verbindung. Fast immer lohnt es sich, Ärger/Frust/Wut/anderslautende Meinungen rauszulassen. Und umgekehrt auch, sich mit Kritik von anderen auseinanderzusetzen. Immerhin wendet ein Schimpfender dafür Energie auf und signalisiert damit ein Interesse, etwas an der Situation zu verändern. Wenn man es so betrachtet, ist Fluchen sogar ein Kompliment.

KAPITEL 4

FUCKING FAMILY

VERFLUCHTE VERWANDTSCHAFT

Wenn man es halbwegs drauf hat, sich mit Kraftworten und Flüchen gegen lästige Bekannte zur Wehr zu setzen und Freunden den Kopf zurechtzurücken bzw. sich selbigen von ihnen auch mal rücken zu lassen, steht schon die nächste – große – Herausforderung ins Haus: Familie. Und da geht's erst richtig rund.

Natürlich mag man seine Sippe meistens irgendwie. Aber, ich weiß nicht, wie es Ihnen geht, mir fehlt diese grundsätzliche »Blut ist dicker als Wasser«-Einstellung, die selbst die beschissensten Verwandten familiär verklärt. Und, seien wir ehrlich, solche hat jeder. Irgendeiner aus dem Tribe ist immer mindestens ein bisschen misslungen, bis hin zu gänzlich verzichtbar von Zehennagel bis Fontanelle.

So jemanden vorbehaltlos ausschließlich aufgrund der Tatsache gernzuhaben, dass wir zufällig
- den gleichen Nachnamen haben oder
- irgendwelche ärgerlichen Gemeinsamkeiten im Stammbaum aufweisen

gelingt mir einfach nicht.

Da gibt es beispielsweise Onkel Werner. Der war mal sehr krank, und das ist natürlich nicht schön. Andererseits hat diese Erkrankung rein gar nichts damit zu tun, dass Onkel Werner ein wirklich unsympathischer Arsch ist. Und dass man leicht seinen Mund für die dazugehörige Öffnung halten könnte, bei so viel Mist, der da rauskommt: ein bunter Mix aus Stammtischgewäsch und schlüpfrigen Kommentaren, vornehmlich über die Oberweiten aller weiblichen Anwesenden, die nicht zufällig seine Schwestern oder Mutter sind. Beide Parameter – die überwundene Erkrankung und das Arschsein – bestehen völlig unabhängig voneinander, doch ständig wird innerhalb der Familie das eine als Entschuldigung/Begründung für das andere angesehen.

»Onkel Werner hat der Kellnerin an den Hintern gegrabscht!«

»Ja, aber Onkel Werner war mal sehr krank.«

»Onkel Werner sagt, dass unsere Tageszeitung zur Lügenpresse gehört!«

»Ja, aber Onkel Werner war mal sehr krank.«

»Onkel Werner meint, dass Hitler die Autobahnen erfunden hat!«

»Ja, aber Onkel Werner war mal sehr krank.«

Merken Sie was? Wenn man es nur oft genug hört, prägt sich das ein. Irgendwann sagte mein kleiner Neffe zu mir, »du, Tante Steffi, Onkel Werner hat sich auf dem Klo gar nicht die Hände gewaschen« – und ich hatte tatsächlich ein »ja, aber Onkel Werner war mal sehr krank« auf den Lippen. Glücklicherweise fiel es mir noch auf, und ich kriegte es gerade so in ein »ja, *deshalb* war Onkel Werner mal sehr krank, wasch du sie dir auf jeden Fall« gedreht, auch wenn das zugegebenermaßen faktisch nicht ganz richtig war.

Ich weiß auch gar nicht so genau, was mich mehr stört: mein widerlicher Onkel oder der Rest der Mischpoke, der eisern zu seinen Ausfällen schweigt. Beides zusammen ist jedenfalls eine

Kombination, die mir Familienfeiern dieses Verwandtschaftszweigs so madig macht, dass ich die letzten zwei Jahre sämtliche Hochzeiten (auch die silbernen und goldenen), Geburtstage, Beerdigungen und sogar Omas obligatorische Weihnachtsroulade gemieden habe. Wegen – »Magen-Darm-Grippe, Migräne, Bronchitis, Bandscheibenvorfall, Depressionen, Unterzucker – was nehmen wir denn diesmal für eine Krankheit?«, fragt Göttergatte, als ich die Einladung zur Geburtsfeier von Jonas, dem jüngsten Sohn meiner Cousine Rebekka, aus einem hübschen, mit Sternen bedruckten Briefumschlag ziehe.

»Was ist denn eine Geburtsfeier?«, fragt dagegen Melly, die gerade auf einen Kaffee vorbeigekommen ist. Ich erkläre ihr, dass es sich dabei um eine Art nicht religiöser Taufe handelt, und erkläre Göttergatte, dass wir diesmal keine Ausrede brauchen, weil wir hingehen werden. »Schließlich mag ich Rebekka sehr, und ihr ist diese Sache wichtig. Da pfeif ich drauf, ob Onkel Werner gerade wieder Hodenhochstand hat«, beschließe ich kämpferisch und ernte dafür zwei Like-Daumen. Schließlich gehöre ich langsam schon zu den Fortgeschrittenen in Sachen Luft machen und Fluchen, da werde ich doch wohl auch mit dieser kümmerlichen Mutation des familiären Erbguts fertig, oder?

Das Fest, das bei Rebekka und ihrem Mann Oliver im Garten stattfindet, dauert noch keine zehn Minuten an, da bereue ich meinen Entschluss schon zutiefst. Denn während Bekkis Freundin Imke, die Jonas »Patin« wird, eine wundervolle Rede hält, stiert Onkel Werner mit glasigem Blick auf Imkes üppige Brüste, stupst meinen Cousin Marc an und sagt laut: »Geile Titten, was?« Der schaut nur betreten zur Seite und sagt – natürlich nichts.

Früher schloss ich in solchen Situationen die Augen und zählte innerlich bis zehn. Und tatsächlich ertappe ich mich dabei, schon wieder bei sechs gelandet zu sein. Fuck!

»Onkel Werner, das ist zum Kotzen, halt gefälligst die Klappe!«, zische ich, und alle um mich Herumstehenden sehen mich erschreckt an. Statt verschämt die Augen niederzuschlagen – immerhin hatte ich das eherne Familien-Gesetz »Onkel Werner war mal sehr krank, deshalb darf er in unserer Runde jetzt ungestraft jeden Scheiß tun und sagen« gebrochen –, begegne ich den Blicken offen, überdies ein klein wenig herausfordernd. Und siehe da, die Gesichtsausdrücke wandeln sich; das erste Entsetzen weicht vielmehr Erstaunen, wenn ich nicht irre, sogar anerkennendem Erstaunen. Von Onkel Werner selbst freilich nicht, der guckt grimmig – aber immerhin grimmig an mir und vor allem Imke vorbei und hält vorerst den Mund. Tschakka! Imke, die sich wenig später neben mich an den Tisch setzt, drückt mich und flüstert mir ein »danke, dass du mich eben vor diesem notgeilen alten Bock gerettet hast« ins Ohr. Es läuft.

In fast jeder Familie gibt es so einen Kandidaten wie Onkel Werner. Vielleicht heißt er bei Ihnen Tante Ingeborg oder Opa Friedrich. Vielleicht ist er kein fieser Lustmolch, sondern schlägt stattdessen Frau und/oder Kinder, vielleicht klaut er, ist ein Nazi oder hat irgendeine andere absolut unentschuldbare und intolerable Macke. Jedenfalls eine, die *Sie* davon abhält, ein Familienfest (zumindest gern) zu besuchen: Brechen Sie die ungeschriebene Regel und sagen Sie ihm, dass er sich unmöglich benimmt. Seit ich Onkel Werner endlich in seine Schranken verwiesen hab, treffe ich die Sippschaft wieder gern, denn er meidet mich wie der Teufel das Weihwasser. Natürlich hört er nicht auf, Zoten zu bringen und unterbelichtete Stammtischparolen herumzuposaunen – aber er tut es zumindest nicht mehr in meinem direkten Umkreis. Mittlerweile haben es mir schon einige meiner Verwandten nachgemacht, und es ist jetzt immer öfter *er*, der nicht bei Hochzeiten, Geburtstagen & Co. erscheint. Die Trauer darüber hält sich in der Familie arg in Grenzen.

Glücklicherweise ist Onkel Werner wirklich die große eklige Ausnahme – die meisten anderen Verwandten sind bis auf kleinere Defizite soweit ganz in Ordnung. Aber auch diese Minuspunkte muss man nicht zwingend als unabänderlich hinnehmen. Es ist ein bisschen wie bei Fußpilz; der ist hartnäckig, und wenn man ihn wieder loswerden möchte, braucht es dazu Beharrlichkeit und Konsequenz. Außerdem die richtige Balance bei der Therapie: Ist die Behandlung nämlich zu lasch, tanzen die Sporen Samba und vermehren sich hübsch. Wählen Sie eine zu grobe Entfernungsmethode, verschwindet der Pilz, der halbe Zeh dann womöglich aber gleich mit. So ist das auch mit lästigen Nervereien von eigentlich liebenswerten Verwandten.

Tante Anne etwa, die Mama von Bekki, ist begeistertes FDP-Mitglied. Das ist natürlich ihr gutes Recht, und weiß Gott, die Partei braucht Werbung. Tante Anne allerdings en detail zu erklären, wie genau so eine Lobotomie abläuft, die man an mir vornehmen muss, damit ich die Freien Demokraten wähle, führt mir zu weit. In vielerlei Hinsicht. Und schon befinde ich mich in einem Dilemma: Ich kann den Rest von Tante Anne, der sich nicht permanent im Wahlkampf befindet, gut leiden, und ein »Fuck you« könnte unser Verhältnis nachhaltig trüben. Das möchte ich nicht. Andererseits möchte ich auch nicht bei jeder Gelegenheit gelb-blaue Kulis in die Hand gedrückt bekommen und noch weniger FDP-Aufkleber aufs Auto gepappt. Die haften im Übrigen fast genauso hartnäckig wie Fußpilz. Deshalb sage ich Tante Anne Folgendes: »Tantchen, ich hab dich wirklich lieb, aber dass du mich dauernd politisch bekehren willst, finde ich total kacke. Hör ab sofort damit auf. Küsschen.«

Natürlich tut sie das nicht, Dermatophyten verschwinden ja auch nicht gleich, wenn man einmal Creme draufschmiert. Das muss man regelmäßig machen. Und deshalb bekommt sie den Spruch jetzt jedes Mal zu hören, wenn in meiner Gegenwart die gewissen drei Buchstaben fallen. Ich bilde mir ein, dass es schon wirkt. Und bleibe schön weiter am Ball.

Letztlich ist das der ganze Trick, den Menschen, die man mag und die man nicht zu arg vor den Kopf stoßen will, die Meinung zu sagen.

Weißt du, ich hab dich lieb, aber _____ finde ich total kacke. Hör ab sofort damit auf. Küsschen.

Natürlich können Sie sich weiterhin sämtliches religiöse, politische, weltanschauliche, prinzipielle usw. Geschwafel Ihrer Lieben und weniger Lieben anhören und klaglos bei jedem Familientreffen ertragen. Hinterher kratzen Sie dann einfach mühevoll mit dem Ceranfeldschaber FDP-Aufkleber von Heckscheiben (oder von den Grünen, der CDU, der SPD, den Grauen Panthern, der Feministischen Partei DIE FRAUEN, dem Bündnis C – Christen für Deutschland, was auch immer). Sie erklären Ihrem Kind, dass die Großtante das nicht so meinte, dass es als nicht getauftes Wesen in die Hölle kommen wird. Und Sie führen weiter aus, dass es da unten zumindest schön warm ist und immer ein Feuerchen brennt, »schau, das magst du doch, wie im Kaminofen«. So hat es jedenfalls Rebekka bei ihrem größeren Sohn Linus getan. Sie ergeben sich Opas Ansichten über vegetarisches Essen »natürlich isst du die Hühnersuppe, da ist doch gar kein Fleisch drin« (hier gab sich sogar schon Hardcore-Veggie Diana geschlagen!). Sie nehmen dankend die Schutzengel, Traumfänger, energetischen Dreiecke und magischen Kreise von Eso-Tante Charlotte an, stopfen sie in die hinterletzte Schublade und suchen dann vor Charlottes nächstem angekündigten Besuch bei Ihnen drei Tage alles durch, bis Sie die ganzen Scheißdinger wiedergefunden und prominent in Ihrer Bude platziert haben.

Oder – genau, Sie nutzen den oben stehenden Satz, und penetrieren Ihre Verwandten damit konsequent solange, bis Parteien-

'werbung, Missionierung, Ooomms & Co. endlich verstummen. Wir ~~schaffen das~~ kriegen das hin!

DAS MUTTER-SCHUTZ-PROGRAMM

Ein Mensch in meinem Leben – und ich wette zwanzig Euro, in Ihrem auch – treibt das »mich zu irgendwas Bekehrenwollen« auf die Spitze. Meine Mutter. Nicht falsch verstehen, ich liebe meine Mama, wirklich. Ich wünsche sie halt nur zwischendurch auf den Mond. Oder noch besser dahin, wo der Pfeffer wächst. Dann kann sie mir von dort welchen mitbringen, Pfeffer liebe ich nämlich auch.

Dank renommierter Psychologen weiß ich, dass das völlig normal ist, und dass ich mich abgrenzen muss, mich verwirklichen, auf eigenen Füßen stehen. Aber meine Mutter will davon leider nichts wissen. In ihrem biologischen Programm ist »Kind beschützen« dauerhaft angelegt, und dafür scheint der Umstand, dass ich mittlerweile mehr als zweimal volljährig bin, bedauerlicherweise total unerheblich. Wobei »Kind beschützen« in ihrer mütterlichen Ansicht relativ deckungsgleich ist mit »Kind bevormunden und ihm regelmäßig vor Augen halten, was es alles falsch macht, damit es sich bessern kann«. Mein Bruder hat es diesbezüglich leichter als ich, er wird tendenziell weniger »beschützt«. Und auch das hat seine Richtigkeit, bestätigen Experten, die sich damit auskennen: Mütter und Töchter nehmen innerhalb der Familie eine Sonderstellung ein, die die Psychologie nicht umsonst »Mutter aller Beziehungen« nennt. Der Jackpot, sozusagen.

Es ist schon irgendwie seltsam, aber: Wenn man eine Frau wirklich beschimpfen will, wenn man ihr das Übelste an den Kopf werfen möchte, dann braucht man mit Fotze, Miststück,

Hure oder Bitch gar nicht erst anzufangen. Denn die ultimative Beleidigung lautet einfach schlicht »du bist wie deine Mutter«.

Leider bin ich da nicht die große Ausnahme: Auch ich will nicht so werden wie sie, und meine Mama ist beileibe nicht meine beste Freundin. Dabei ist dieser Gedanke doch eigentlich so schön:

Darf ich vorstellen, das ist meine Mama, sie ist toll, sieht fantastisch aus, ist supernett und ich bin ihr jüngeres Ebenbild. Wir machen alles gemeinsam. Wir laufen händchenhaltend am Strand lang.

Ja, Pustekuchen. Würde ich mit meiner Mutter am Strand entlangspazieren, hätte sie mich nach fünf Minuten garantiert auf eine der Palmen gebracht. Das schafft sie allerdings auch locker ganz ohne Beachbummel, dafür müssen wir nicht extra ans Meer fahren. Das, was mich an meiner Mutter wahnsinnig macht, würde die Redaktion von RTL2 vermutlich bei einem Casting enttäuscht den Kopf schütteln lassen, denn, nein, Mama hat während der Schwangerschaft mit mir kein Crack geraucht, sie hat mich auch nie verprügelt oder zum Betteln auf die Straße geschickt. Es ist viel schlimmer: *Mama meint es nur gut.* Und das führt zu unzähligen ungebetenen Empfehlungen, meine Lebensführung betreffend. Die hören sich dann in etwa so an:

»Du willst Schwedisch lernen? Mach lieber einen Spanischkurs, das braucht man heutzutage genauso wie Englisch.«

»Warum ziehst du ständig Schwarz an? Probier doch mal was Grünes, das sieht nicht so depressiv aus.«

»Petunien auf dem Balkon? Nimm lieber Geranien, die sind viel hübscher und pflegeleichter.«

»Mit der/dem bist du immer noch befreundet? Die/der hatte schon vor zwanzig Jahren keinen guten Einfluss auf dich, erinnere dich an bla bla bla!«

»Wie sieht es denn hier aus?! Du musst dringend mal wieder saugen.«

Das Problem sind noch nicht mal so sehr die Sätze an sich, sondern die dahinterstehende Bedeutung. Wenn Mama mir auf meine Eröffnung, Schwedisch lernen zu wollen, stattdessen zu Spanisch riet, hörte ich: *Deine Interessen sind mir wurscht, ich finde Spanisch schöner, deshalb solltest du das nehmen.*
→ Bevormundung!

Machte sie mir meine schwarzen Klamotten madig, hörte ich: *Mir gefällt das nicht, zieh dich so an, wie ich es für richtig halte.*
→ Bevormundung!

Wollte sie mir statt Petunien pflegeleichte Geranien andrehen, hörte ich: *Pflanz gefälligst die Blumen ein, die ich bevorzuge, die anderen gehen dir ja ohnehin kaputt.*
→ Bevormundung! UND: Du kannst das nicht!

Schimpfte sie über meine Freunde, hörte ich: *Ich weiß besser als du, welche Menschen dir guttun.*
→ Bevormundung! UND: Du kannst das nicht!

Legte sie mir mehr Ordnung und Sauberkeit ans Herz, hörte ich: *Du bist nicht in der Lage, selbstständig zu leben, du brauchst mich, damit ich dir die Welt und den Putzlappen erkläre.*
→ Bevormundung! UND: Du kannst das nicht!

»Das sind doch alles Kinkerlitzchen«, fand Diana, als ich ihr vor einiger Zeit mein Leid klagte. »Deine Mutter meint doch nur, dass du mit Spanisch eben mehr anfangen kannst. Und einen grünen Daumen hast du ja nun wirklich nicht. Also, ich finde deine Mutter total nett.« Pöh!

Diana hat gut reden, ihre Mama sucht seit ein paar Jahren in irgendeinem indischen Ashram nach sich selbst und nervt ihre Tochter nicht ständig mit thematisch variierenden Einmischungen in ihr Leben. Was ich als reinste Form einer gelungenen Mutter-Tochter-Beziehung ansehe, ist meiner Freundin allerdings ein solch emotionaler Graus, dass sie deshalb wöchentlich zu einem Therapeuten geht: Sie fühlt sich von ihrer Mutter im Stich gelassen.

Irgendwann einigten wir uns darauf, dass vermutlich eine Kreuzung aus unseren beiden Müttern das Ideal wäre, in etwa so wie Mellys Mama: Die fährt regelmäßig in den Urlaub, auch nach Asien, bügelt Melly aber dennoch öfter mal einen Korb Wäsche. Sie ist, von außen betrachtet, genau das richtige Maß da und weg. Aus Mellys Perspektive hört sich das aber so an: »Meine Mutter und ich haben überhaupt keine Reibungspunkte. Sie ist so darauf bedacht, alles richtig zu machen, dass sich alles irgendwie falsch und unehrlich anfühlt. Ich wünschte, sie würde einmal irgendeine klare Position beziehen, aber das tut sie einfach nicht. Von ihr kommt immer nur »wie du meinst, Kind«. Ich hasse diese »ich mach mich so unsichtbar, dass ich nirgendwo störe«-Art!«

In der Werbung sieht das doch immer so einfach aus. Da sind Mutti und Tochter stets ein Herz und eine Seele. Sie nehmen den gleichen Weichspüler, fahren das gleiche Auto und schlucken das gleiche Abführmittel – schon ist die Balance hergestellt. Als Mitglied der »Ich mag nur harte Handtücher«-Fraktion finde ich Weichspüler aber doof, Mutter fährt zum Glück für die Menschheit kein Auto mehr, und wenn ich Abführmittel schlucken würde, bis unsere Wellenlänge komplett übereinstimmt, säße ich ungefähr die nächsten fünfzehn Jahre auf dem Klo.

Jetzt kommt die Stelle, an der ich Ihnen erzählen müsste, wie ich mit einem magischen Fluch diese Probleme gelöst habe. Und wie schön es ist, nun endlich in ewiger Harmonie mit Mama im Strandkorb zu sitzen. Das täte ich auch wirklich gern, und glauben Sie mir, ich habe gegenüber meiner Mutter schon so ziemlich alle Beleidigungen ausprobiert, die Sie hinten beim Schimpfwortknobeln finden. Die Überprüfung der restlichen hat Diana übernommen, wenn auch nur telefonisch und per Brief; ihre Mama verfügt in Indien nicht mal über einen E-Mail-Anschluss. Bisher war die geheimnisvolle Formel, die das Mängelexemplar in die Gewinnerin von *Deutschland sucht die Supermutti* verwandelt, jedoch nicht dabei (wir versuchen es weiter).

Was ich für mich jedoch trotzdem zweifelsfrei feststellen konnte: Sich *nicht* die Meinung zu geigen, weil wir uns gegenseitig ja doch nicht ändern, ist ebenfalls keine Lösung. Mütter können ihren Drang, uns beschützen oder unser Bestes zu wollen (oder wie auch immer sie denn gerade den versuchten Eingriff in unser Leben begründen) willentlich gar nicht beeinflussen. Selbst wenn Mama sich noch so fest vornimmt, mich nicht mehr mit Spanisch und grünen Klamotten zu drangsalieren, wird sie es bei der nächstbesten Gelegenheit eben anders »nur gut meinen«. Damit muss ich leben, und ich wage die kühne These: Sie auch.

Womit ich hingegen nicht leben muss, ist ein Spanischkurs, grüne Kleider, hässliche Blumen oder fiese Bemerkungen über Freunde und meine ungenügende Ordnungsliebe. Vielleicht sind Sie ein duldsamerer Charakter als ich, und vielleicht macht es Ihnen nichts aus, zusätzlich zu Schwedisch auch noch Spanisch zu lernen. Vielleicht verbringen Sie auch mit den Freunden, die Ihre Mutter für Sie aussucht, ein erfüllteres Leben als mit denen, die Sie selbst bevorzugt hätten. Und wer weiß, vielleicht machen sich Geranien in Ihren Balkonkästen wirklich hübscher.

Wenn Sie das allerdings, ebenso wie ich es irgendwann tat, für sich kategorisch ausschließen, prallen zwangsläufig zwei gegensätzliche Meinungen aufeinander. Wir sind halt ziemlich unterschiedlich, Sie und ich und unsere Mütter (und jeder, der was anderes sagt, lügt!). Da fallen dann auch mal ein paar laute und deftige Worte und anschließend herrscht vielleicht eine Weile Funkstille. Aber jetzt kommt die gute Nachricht: Die vergeht wieder, denn irgendwie haben wir uns ja doch lieb. Bis zum nächsten Knall, wie bei Ebbe und Flut.

Apropos: Ich war tatsächlich vor nicht allzu langer Zeit, als das Stimmungsbarometer gerade ein Hoch zeigte, mit Mama spontan ein Wochenende am Meer. Wir kamen zwar nur bis Sankt Peter-Ording, aber dafür gibt's an der Nordsee auch keine Palmen, auf die sie mich hätte bringen können. Am Strand machten wir zusammen ein Selfie, darauf sehen wir beide ziemlich harmonisch aus (und, psst: irgendwie ähnlich). Das schaue ich mir gerade öfter an, denn im Moment regiert mal wieder ein Tief. Mama, wenn Du das liest: Magst Du nicht mal wieder vorbeikommen …? Und bring mir bitte Pfeffer mit, meine Vorräte gehen langsam zur Neige.

MAMA 2.0 – DIE SCHWIEGERMUTTER

Als wäre die eigene Familie nicht schon nervig genug, handelt man sich meist in dem Augenblick, in dem man beschließt, ein Paar zu sein, auch noch die Verwandten des anderen mit ein. Das können natürlich ganz wunderbare Menschen sein, die genauso prächtig zu einem passen wie die/der Auserwählte selbst. Ist das bei Ihnen so, gratulieren Sie sich jetzt mal ganz doll im Stillen, freuen Sie sich und überspringen Sie die nächsten Absätze einfach.

Sie sind noch dabei? Dann heißt das wohl, dass Sie zum Mainstream gehören, indem der Partner (m/w) das einzig wirklich gelungene Exemplar aus dem Clan ist und der Rest mehr so etwas wie die familiäre Nachgeburt, bei der man sich fragt, ob sie/er nicht vielleicht doch adoptiert oder vom Storch gebracht wurde.

Ganz problematisch wird es meist mit Schwiegermüttern, auch wenn ich da im Vergleich relativ gut weggekommen bin. Ja, sie ist schon tot, aber daran liegt es nicht, ich mochte sie bereits zu Lebzeiten. Und dass eine verstorbene Schwiegermutter auch ganz schön kritisch sein kann, sehen Sie an Gregors *la mamma*.

Meine jedenfalls war recht unkonventionell in ihrem Wesen und irgendwie, glaube ich, ganz froh, dass es Göttergatte in ihren Augen doch noch unter die Haube geschafft hatte; da hegte sie keine übergroßen Ansprüche mehr. Ich habe immerhin keine acht Beine und neige nicht dazu, das Männchen nach dem Paarungsakt zu verspeisen, das reichte ihr als Qualifikation, schätze ich.

Trotzdem hieß das natürlich beileibe nicht, dass es keine Probleme zwischen uns gab. Das größte davon war, dass Schwiegermama mich eine ganze Weile für meine Zwillingsschwester hielt – nein, nicht die böse, sondern die ganz gute mit Sternchen. Dann sind wir eigentlich Drillinge, oder? Egal. Ich präsentierte ihr jedenfalls über längere Zeit bei unseren Treffen ausschließlich meine Sonnenseite, die eigentlich Kunden und anderen Menschen, die ich im Job treffe, vorbehalten ist. Nicht etwa, weil die sie besonders verdienen würden, sondern weil ich diesen guten Eindruck nur über einen kurzen Zeitraum aufrecht erhalten kann.

Da ich aber nun mal wollte, dass sich Göttergattes Mama vom Fleck weg mindestens ebenso in mich verknallt wie ihr Sohn, ließ ich mein Licht strahlen, war zuvorkommend, eloquent, herzlich und bester Laune. Mein Plan ging auf – sie fand mich reizend, statt mich, wie die Mutter meines Exfreundes Timo, abgrundtief zu hassen. Und das nur, weil ich dafür gesorgt hatte, dass ihr Augenstern aus dem heimischen Kinderzimmer auszog in die große weite Welt (bzw. in meine damalige Wohnung, die ganze siebzehn Kilometer, also quasi ein Universum entfernt von Mama lag). Sobald irgendetwas schieflief in unserer Beziehung – also relativ häufig –, rief er sie an und heulte sich bei ihr aus. Das, so viel ist sicher, hat die Sympathie beiderseits nicht wirklich vergrößert.

Nun war Göttergatte dem Kinderzimmer schon ein Weilchen entwachsen, aber diese Erfahrung hatte mich geprägt. Würde es Sie auch, wenn Sie mit Ihrem Freund und seiner Mutter beisammensitzen, und die Mutter sagt: »Wär doch schön, wenn wir zu dritt in Urlaub fahren würden, was meinst du Schatz? Du, ich und *(hier erwartete ich gleich meinen Namen zu hören)* Rufus *(Rufus war Timos Hund, den die Mama bei seinem Auszug nicht hergegeben hatte)*.«

Keine Frage, bevor ich mit Timos Mutter Ferien gemacht hätte, wäre ich eher zwei Wochen nach Kambodscha geflogen und hätte Landminen der Roten Khmer entschärft. Aber hier ging's ums Prinzip. Und das war eben, dass sie mich nicht leiden konnte, und diesen Umstand an jeder möglichen und unmöglichen Stelle demonstrierte.

Das Herz der Göttergattenmutter lag mir dank meiner Anstrengungen hingegen zu Füßen – problematisch war halt nur, dass sie es an mein ideales Ich verloren hatte, was bedauerlicherweise immer nur in homöopathischen Dosen vorhanden ist. Es reicht für ein Meeting, es reichte auch für einen Nachmittag bei der Schwiegermama, aber für das erste lange Wochenende, das sie irgendwann, als wir in Süddeutschland wohnten, bei uns verbrachte – reichte es nicht. Um genau zu sein, nicht mal für den ersten Abend.

Dabei hatte ich mir solche Mühe gegeben: mehrere Tage durchgeputzt (Sie wissen schon, um dann Schwiegermama bedauernd zu sagen, dass wir vor ihrem Besuch leider nicht zum Saubermachen gekommen waren) und die Rumpelecke aufgeräumt, bzw. deren Inhalt auf den Speicher gebracht. Da oben landeten auch kritische *Dinge*, wie der Knöllchenordner, die Kontoauszüge, und alles, was in einschlägigen Läden unter dem Stichwort »Ehehygiene« erhältlich ist. Auf Tischen und Schränken hatte ich dekorativ bisher ungelesene Bücher verteilt, die breit gefächertes Allgemeinwissen und kulturelles Interesse vorgaukeln sollten. »Was soll denn der ganze Zirkus?«, wollte Göttergatte ob des umfassenden Maßnahmenkatalogs wissen. »Du weißt schon, dass nicht die Queen kommt, ja?« Ja, wusste ich – aber es kam die Königsmutter!

Es begab sich jedoch, dass ein ätzend unproduktiver und langer Arbeitstag hinter mir lag, als ich Schwiegermama am Bahnhof einsammelte. Der klassische Doomsday, an dem nichts klappt, an dem man sich morgens schon den dicken Zeh am Türrahmen des Badezimmers stößt. Der Tag, den man am besten im Bett verbringen sollte. Allein. Kennen Sie auch, oder?

Ich kam entsprechend zehn Minuten zu spät an den Bahnsteig, weil ich keinen Parkplatz gekriegt hatte. In meiner Verzweiflung hatte ich mich letztlich direkt an die Bushaltestelle gestellt. Schließlich war Göttergattes Mutter nicht mehr die Jüngste und nur mäßig gut zu Fuß. Als ich sie am Gleis 4 entdeckte, stopfte ich meine hundsmiserable Laune schnell in die mentale Schublade »für später aufheben« und knipste mein Sonnenschein-Lächeln an. Schnappte mir Schwiegermama und ihren schweren Koffer und schlich mit ihr zurück zum Auto – an dessen Frontscheibe ein eindeutiger Zettel prangte. Das hatte mir gerade noch gefehlt, schon wieder ein Knöllchen ... Mein Lächeln verglühte augenblicklich wie eine Supernova, und ich schimpfte laut: »Ich scheiß in die Milch!«

Das ist mein ganz offizieller Lieblingsfluch, wobei er eigentlich in die Kategorie »Auslandsflüche« gehört: Er stammt aus Spanien, heißt da *me cago en la leche* und wird dort für sämtliche Situationen gebraucht, in denen irgendetwas schiefgeht. Tendenziell nutzen die Spanier beim Fluchen verbal ebenso gern Körperausscheidungen wie die Deutschen, sind aber weitaus kreativer, was die Umstände der Defäkation angeht. Während wir einfach »Scheiße« oder alternativ »verdammte Scheiße« brüllen, entlädt sich der Iberer eben gern in Milch. Oder legt, wenn er mal so richtig stinksauer auf jemanden ist, gleich noch eine Schippe drauf. »Me cago en su corazón«, was so viel bedeutet wie »ich scheiße in sein Herz«, ist ein Fingerzeig darauf, dass sich der Beschimpfte mächtig in die Nesseln gesetzt hat. Ebenfalls beliebt ist die Kombination aus Kot und Heiligkeit. Ein Klassiker der spanischen Flüche lautet etwa: »Me cago en la puta madre de Jesús, en su padre y en toda su jodida corte celestial!« Widerstehen Sie aber unbedingt der Versuchung, diese Übersetzung von »ich scheiße in Jesu Hure einer Mutter, in seinen Vater und in ihr ganzes verdammtes himmlisches Gefolge« mal bei einem Missgeschick auf der Andalusien-Rundreise anzubringen: Solch ein dicker Hund ist nur den eigenen Landsleuten gestattet.

»Was hast du gesagt?«, fragte Schwiegermama irritiert. Ich redete mich eilig heraus mit »weiß ist die Milch«, und dass ich noch welche davon bräuchte, wir deshalb noch kurz beim Edeka halten müssten. Das war knapp! Und dabei völlig überflüssig, denn schon zwei Stunden später kam ich endgültig am äußersten Ende meines straff gespannten Selbstbeherrschungsfadens an: Das liebevoll geschichtete Gratin glitt mir beim Herausholen aus dem Backofen aus der Hand, sodass es sich komplett über den Fliesenboden ergoss und die Form schön säuberlich in zwei Hälften zerbrach.

Die im Vorfeld für meine Verhältnisse gründlich gewienerte Küche sah aus wie ein Schlachtfeld, an meiner rechten Hand und meinem linken Schienbein bildeten sich Brandblasen – und ich schrie aus vollem Halse: »Verfluchte Fickdreckmistbocksscheiße!« Dann brach ich in Tränen aus, trat vor Wut gegen die rechten 50 Prozent der Auflaufform, was mir meinen Schuh versaute und die Keramik an die Wand prallen ließ, wodurch die Tapete auch noch etwas abbekam. Göttergatte, der mit Schwiegermama, durch den Krach aufgeschreckt, schockiert in der Tür stand, wollte mir ein nasses Handtuch zum Kühlen der verbrannten Stellen reichen. Ich riss es ihm aus der Hand und schleuderte es durch den Raum: »Haut ab, beide! Verschwindet! Lasst mich in Ruhe!«

Eine gute Stunde später saßen wir – ich im Bademantel statt im schicken Outfit, mit verbundener Hand und ebenso verpflastertem Schienbein – auf dem Sofa und gingen die Bestellliste fürs Pizzataxi durch. Während Göttergatte und ich wieder mal recht schnell die 2 und 6 wählten (heute war nicht der Tag für Experimente), entschied sich Schwiegermama für eine Diabolo. »Apropos Diabolo«, meinte sie, nachdem ich die Bestellung telefonisch durchgegeben hatte. »So kenne ich dich ja gar nicht, Steffi ...«

Mir fehlte die Energie für Ausreden. »Tut mir leid, Schwiegermama«, bekannte ich geknickt. »Ja, es stimmt. Ich bin leider keine perfekte Hausfrau und hab auch keine besonders guten Manieren. Und wenn ich wütend bin, was gar nicht so selten vorkommt, fluche ich manchmal wie ein alter Seemann. Hass mich bitte nicht ...«

Da begann die Schwiegermama zu lachen: »Ja, Himmel, Arsch und Fuffzgerle, da bin ich aber froh! Dann kann ich ja jetzt endlich reden, wie mir der Schnabel gewachsen ist und muss nicht mehr auf jedes Wort achten. Ich wollte schließlich nicht, dass mich meine Schwiegertochter für eine ungebildete Landpomeranze hält!«

Es wurde tatsächlich ein total entspanntes Wochenende, an dem ich nicht wie erwartet verkrampft die besonders gute Zwillingsschwester der Schwiegertochter spielen musste, sondern (fast) ganz ich selbst sein konnte. Die Schwiegermama verlor beim Mensch-ärgere-dich-nicht und schimpfte, dass die Wände wackelten. Sie buk eine köstliche Himbeertorte – und freute sich darüber, dass ich sie unverhohlen für ihre Konditorfähigkeiten bewunderte und mir gleich zwei Zentimeter mehr Hüftumfang drauffutterte. Und ich räumte nach und nach die dekorativen Bücher weg. (Nein, die *Dinge* auf dem Speicher blieben dort. Alle Geheimnisse muss man auch mit der besten Schwiegermama nicht teilen.)

Als das Wochenende zu Ende ging, und wir ihr am Zugfenster zuriefen, sie solle uns bald wieder besuchen kommen, erkannte ich, dass ich das wirklich ernst meinte. Und dass es sich lohnt, den Menschen öfter sein wahres Ich zu zeigen, auch wenn das für einen selbst so schrecklich inkomplett und defizitär anmutet. Ja, vielleicht verspielt man sich mit einem herzhaften »scheiß in die Milch« manche Sympathien. Meiner Erfahrung nach gewinnt man aber mindestens ebenso viele.

NEIN, WIR KOMMEN NICHT

Familie – die eigene, und wenn man einen festen Partner hat, auch seine – attackiert meist in schöner Regelmäßigkeit den Terminplan. Man schreibt sich beispielsweise für ein Wochenende hoffnungsvoll mit Fragezeichen in den Kalender »Texel?«, nur um die Insel kurz vorher frustriert durchzustreichen und stattdessen mäßig beglückt »Geburtstag von Tante Anne« drunterzuschreiben.

Nun mag ich ja Tante Anne, aber Texel mag ich eben auch gern. Müsste ich Prioritäten setzen, würden die je nach Stimmungslage und FDP-Programm differieren. Bei anderen Verwandten hingegen stünde außer Frage, dass ich der Insel den Vorzug gebe, im Falle von Onkel Werner sogar Alcatraz. Das Problem: In vielen Familien wird man erst gar nicht gefragt, ob da an einem Datum eventuell schon was anderes drinsteht. Da heißt es dann einfach, XY hat

- Geburtstag
- Hochzeit (Silber, Gold, Blech ...)
- Verlobung
- Taufe
- Geburtsfeier
- Namenstag
- Einweihung
- oder Beschneidung, Bar Mitzwa, Fastenbrechen nach dem Ramadan (...),

und du ~~musst kommen~~ bist herzlich eingeladen.

Das kann soweit führen, dass man erstens:
kein einziges freies Wochenende mehr im Kalender stehen hat,

und zweitens:
sowieso keine Kohle mehr für ein Wochenende auf Texel hätte, weil man dauernd Geschenke kaufen muss (meine Mutter würde jetzt sagen »siehst du, dann passt es doch«).

Vielleicht geht in Ihrem Leben nichts über die Familie, und es ist Ihr allerhöchstes Freizeitvergnügen, Hunderte Kilometer im Auto zu fahren, um an der Einschulung Ihres Schwippgroßschwiegerstiefneffen oder so ähnlich teilzunehmen. Sie finden es kuschelig in überfüllten Grundschulturnhallen und können sich für stümperhaft vorgetragene Theaterstücke von Achtjährigen begeistern. Perfekt, dann lassen Sie sich von mir bitte nicht aufhalten!

Es geht viel mehr um Feierlichkeiten, die einem gleichgültig bis ausgesprochen lästig sind. Namenstage etwa gehören für mich dazu; erstens bin ich nicht katholisch und zweitens ist es in meinen völlig subjektiven und nicht repräsentativen Augen irgendwie keine Errungenschaft, so zu heißen wie irgendein Heiliger, der irgendwann in grauer Vorzeit geboren wurde. Da fehlt mir der persönliche Bezug. Dennoch ist es etwa Onkel Helmut, dem Mann von Tante Anne, total wichtig, dass am 12. Februar sein Namenstag ist – und das, obwohl es niemals einen heiligen Helmut gab, sondern allenfalls vor ein paar Jahrhunderten irgendein Bischof mit *ähnlich* klingendem Namen, da wären Helmward und Helmstan im Angebot, das Licht der Welt erblickte. Kann Onkel Helmut ja auch machen, wie er möchte – das Problem ist, dass er mich regelmäßig jedes Jahr dazu einlädt. Natürlich nicht nur mich, sondern die gesamte Familie.

Noch schlimmer ist jedoch, wenn Göttergatte und mein Anhang beide Ansprüche anmelden: Weihnachten beispielsweise. Sie wissen schon, das Fest, bei dem man »Driving home for christmas« auf der Autobahn hört, während man von Schwiegermama zu Mama zu Papa zu Cousine zu Onkel und Tante und zum Schluss zur einen Oma (die andere hatte ja aufgrund von Onkel Werner das Nachsehen) rast, und überall essen muss bis zum Platzen. Am 27. Dezember hat man Sodbrennen von Sauerbraten, Gans, Kartoffelsalat & Würstchen, Fondue – plus den jeweiligen Torten und Abendessen dazu und zwischendurch noch ein kleiner Brunch. Millionen Menschen nehmen sich zu Silvester dann vor, abzunehmen, was sie gar nicht müssten, wenn sie an Weihnachten nicht derart familiär zwangsernährt worden wären.

Ich weiß nicht, wie viele Jahre ich davon geträumt habe, einfach nur mit Göttergatte und den Viechern allein Weihnachten zu feiern. Ohne Familie(n), ohne Fahrerei, ohne Terminstress, ohne Stau und ohne Völlerei. Doch schon winzigste Andeutungen von »Wir wissen noch nicht, ob es dieses Jahr mit dem Besuch klappt« riefen bestenfalls Entrüstungsstürme und schlimmstenfalls »Aber ihr könnt mich doch nicht allein lassen«-Tränen hervor.

Bis im Jahr 2010 ein dicker Schneesturm sämtliche Reisepläne zunichte machte. Wir waren schlicht komplett eingeschneit, inklusive Auto, das aussah wie ein kleiner Rodelhügel. Selbst wenn der Winterdienst unsere Straße geräumt hätte, wären wir nicht weit gekommen, denn der Verkehr war nicht nur bei uns im Nordschwarzwald ein einziges unfallträchtiges Chaos, sondern bundesweit. Wir konnten also gar nicht anders – und sagten ab. Keine Entrüstungsstürme, keine Tränen, Verständnis aller Orten und sogar ein entschiedenes: »Bleibt bloß zu Hause, fahren wäre jetzt viel zu gefährlich!«

Wir genossen ein wunderbares romantisches gemütliches Schnee-Weihnachten, ganz ohne Autobahn-Strapazen und mit relativ wenig Essen, da wir ja damit gerechnet hatten, die Feiertage woanders zu verbringen und somit die Vorräte im Haus überschaubar waren. Aber ein Miracoli für Notfälle schmeckt nach einem Schneespaziergang auch hervorragend! Diese Feiertage brachten Göttergatte und mir außer jeder Menge Entspannung auch die Erkenntnis: *Guck mal da, die Welt geht ja gar nicht unter, wenn wir nicht kommen! Wunderbar!*

Beflügelt durch dieses neu errungene Wissen beschlossen wir, Onkel Helmuts Namenstag im Februar darauf ausfallen zu lassen. Diesmal hörte sich die Reaktion anders an:

»Natürlich kommt ihr zu Helmuts Namenstag. Onkel Helmut und Tante Anne haben dir doch so eine schöne Steiff-Schildkröte zur Taufe geschenkt, weißt du nicht mehr?« – meine Mutter.

»Natürlich kommst du zu Papas Namenstag, wie soll ich es denn da sonst aushalten ohne dich?« – Rebekka.

»Oh, Steffi, da wäre der Helmut aber sehr enttäuscht, wenn ihr euch nicht wenigstens auf ein Eierlikörchen sehen lasst.« – Tante Anne. Ich verabscheue Eierlikör übrigens.

Wir wogen noch einmal gründlich das Für und Wider ab, Göttergatte und ich. Und kamen zum gleichen Ergebnis: Nö. Schließlich handelte es sich nicht

- um ein bahnbrechendes, lebensveränderndes, einmaliges Ereignis wie eine Hochzeit (hm, na ja, sagen wir: seltenes Ereignis)
- um einen Anlass, den wir für besonders feierungswürdig hielten
- um eine Veranstaltung, auf die wir beide, aus welchen Gründen auch immer, besondere Lust hatten.

Also sagten wir ab.

»Das könnt ihr doch nicht machen!« Meine Mutter.

»Das könnt ihr doch nicht machen!« Rebekka.

»Das könnt ihr doch nicht machen!« Tante Anne.

Fuck! Klar können wir, ist doch unsere Zeit! Wir kommen nicht! Und waren sie beleidigt? Selbstverständlich! Vermissten sie uns? Selbstverständlich nicht! Es gab ja rund dreißig andere Gäste, mit denen sie sich alternativ unterhalten konnten. Wir schickten eine schöne Karte, und schon im März war der ganze Spuk vergessen. Da ging's dann los mit der Oster-Planerei ...

Seitdem sind Familientreffen keine Zwangsveranstaltungen mehr für uns. Feiert Oma Gretel ihren achtzigsten Geburtstag – keine Frage, da sind wir dabei. Weihnachten vierteilen und anschließend eine Stopfleber haben, die die PETA auf den Plan rufen müsste – fuck, nein!

Danke für die Einladung, aber wir kommen nicht.

Sagen Sie's mal laut vor sich hin; es ist ein wunderbarer Satz, der Ihnen so viel ersparen kann! Und das Beste ist: Wenn Sie das ein paarmal getan haben, gewöhnen sich Ihre Lieben daran. Es ist dann auf einmal nicht mehr so, dass man Ihnen Termine lapidar nebenbei am Telefon mitteilt, in der festen Erwartung, dass Sie ohnehin alles durchstreichen, was da sonst noch im Kalender stehen könnte. Falls man überhaupt darüber nachdenkt, dass da was stehen könnte. Stattdessen werden Sie plötzlich gefragt, ob Sie *können*! Nein, nach dem Wollen nicht, das können Sie nicht erwarten. Aber zumindest ist klar, dass Sie eventuell andere Pläne haben, die Sie nicht einfach über den Haufen schmeißen (können/wollen).

Das hat zudem zur Folge, dass man sich über Ihren Besuch ganz besonders freut, denn schließlich sieht man Sie ja nicht wie die anderen jedes Mal, wenn's kostenlos was zu essen und zu trinken gibt. Ihr Kommen wird somit zur Auszeichnung für den Feiernden. Und die sollten Sie auch bevorzugt auf die Verwandten verteilen, die Ihnen besonders am Herzen liegen. Denn meist beruht eine solche Zuneigung ja auf Gegenseitigkeit – und die Menschen, auf deren Feste Sie am wenigsten Lust haben, sind überwiegend praktischerweise auch die, die Sie am wenigsten vermissen. Das natürliche Gleichgewicht.

Sie haben das Gefühl, dass Ihr Leben von Familienfeiern dominiert wird und könnten gut und gern auf ein paar verzichten? Dann überlegen Sie doch mal, wer von Ihren Angehörigen auf die »Die sind Besuche wert«-Liste kommt:

_____
_____
_____
_____
_____

und wer auf die »Die eher nicht so«-Liste:

_____
_____
_____
_____
_____

(Und geben Sie, falls vorhanden, auch dem Partner m/w bitte die Chance, ein paar Namen zu nennen.)

Anschließend notieren Sie Anlässe, die Ihrer Ansicht nach feiernswert sind. Die »Lohnt Fahrerei & Geschenk«-Liste:

_____
_____
_____
_____
_____

Die »Eher nicht«-Liste:

_____
_____
_____
_____

(Auch hierbei dem etwaigen Partner ein Stimmrecht geben.)

Jetzt wird's ganz einfach: Festivitäten der Menschen der »Besuche wert«-Liste bekommen einen festen Eintrag im Kalender. Die anderen hingegen können Sie getrost weglassen bzw. eine Zu- oder Absage nach Lust und Laune von Jahreszeit/Menüangebot/anderen Gästen abhängig machen. Und sich das Wochenende gegebenenfalls mit einem *Fuck, klar kann ich absagen, es ist ja meine Zeit, ich komme diesmal nicht!* ruck, zuck freischaufeln.

KINDER, KINDER

Wissen Sie, was mich, seitdem ich öfter mal Fuck sage, mindestens schon ein ganzes Wochenende auf Texel, wenn nicht sogar eines auf Sylt, gekostet hat? Zahlungen in sogenannte »Fluch-Kassen«. Falls Ihnen das bisher nichts sagt, weil Sie mangels Flüchen oder mangels entsprechender Kontakte bisher noch keine Bekanntschaft damit gemacht haben: Solche Fluch-Kassen gibt es meist in Familien mit Kindern. Und wann immer dort ein Mensch, ob nun klein oder groß, ein »böses Wort« sagt, wird eine Zahlung fällig. Bei den Kids handelt es sich meist um Cent-Beträge (muss ja vom Taschengeld finanzierbar sein); Erwachsenen wird da oft schon deutlich tiefer ins Portemonnaie gegriffen. Das höchste, was ich mal für ein *Scheiß in die Milch* zahlen musste, waren satte zehn Euro – bei dem Kurs hätte ich mir, Lieblingsfluch hin oder her, was Deftigeres ausgesucht, wenn mir das im Vorfeld klar gewesen wäre.

Ich bin mir ziemlich sicher, dass diese Spardosen nicht nur dazu dienen, dem Nachwuchs das Fluchen madig zu machen – sondern auch den kinderlosen Freunden. Und zwar aus Neid. Eine Untersuchung hat nämlich ergeben, dass unter den Dingen, die Menschen mit Kindern am meisten vermissen, das Fluchen auf Platz 2 liegt, gleich nach der Nummer 1 »Am Wochenende ausschlafen können«. Und noch weit vor »Exotisch essen«, »Spontan sein« und »Betthoheit haben«.

Ich verstehe natürlich, dass Eltern einen Schimpfwörter ausstoßenden Dreikäsehoch nicht unbedingt ansprechend finden. Und ich bemühe mich auch nach Kräften, verbale Wütereien vor allem, was kürzer als 1 Meter 30 ist, zu vermeiden. (Meine Faustregel: Wer im Freizeitpark mit auf die Achterbahn darf, der ist auch groß genug für verdammte Fickdrecksscheiße.) Dabei sind es aber gerade die Kleinen, die »schmutzige Wörter« aufsaugen wie ein Schwamm das Wasser ...

Kürzlich erst fütterte ich meinen rund eineinhalbjährigen Großneffen Noel mit kleinen Nutellabrotstückchen (ja, das ist weder pädagogisch noch ernährungsphysiologisch wertvoll, ich weiß, verraten Sie mich nicht). Er griff nach dem Teller, dieser fiel herunter – und alle kleinen Häppchen landeten natürlich auf der Nussnougatcremeseite. »Scheiße!«, entfuhr es mir spontan, und 5, 4, 3, 2, 1 ... »Feife!«, erklang es begeistert aus dem Hochstühlchen. Dank der noch vorhandenen logopädischen Schwächen des kleinen Mannes konnte ich das in regelmäßigen Abständen enthusiastisch laut gekrähte Wort vor den kurz darauf eintreffenden Eltern tarnen, indem ich pantomimisch ein Flötenspiel dazu andeutete. Ja, Sprachschwierigkeiten können auch ihre Vorteile haben. Andererseits nennt er mich dafür »Fiffi«, was ich nicht ganz so gelungen finde. Ich hoffe, das wächst sich bald aus.

Spätestens im Kindergarten wird dann der Wortschatz ohnehin erweitert. Kommt der Nachwuchs nicht mit Erkältung, Läusen oder Kaugummi im Haar nach Hause, dann zumindest mit einem bunten Strauß kreativer Wortschöpfungen, die nicht selten einen fäkalen Bezug haben. »Kackarschi«, »Windelpupsi« oder »Pipipopo« sind keine Seltenheit und deuten, namhaften Erziehungswissenschaftlern zufolge, nicht auf ein erlebtes Trauma und/oder die spätere sexuelle Ausrichtung hin. Deren Tipp: Egal wie schockierend oder lustig die verbalen Souvenirs auch sind; Ignoranz ist das beste Gegenmittel. Denn Kinder benutzen die Worte in den seltensten Fällen um ihrer eigentlichen Bedeutung willen, sondern wegen der Wirkung, die sie damit erzeugen.

Der Papa von Noel, einer meiner Neffen, sicherte sich beispielsweise vor vielen Jahren mal mit einem deutlich deutlicheren »Scheiße« die Aufmerksamkeit aller Anwesenden – er trompetete es mitten in die andächtige Stille bei der Trauung seiner Eltern in die Kirche. Dadurch verpasste ich das Ja-Wort meines Bruders, denn ich schnappte mir das junge Sprachtalent und wartete draußen mit ihm, bis der Gottesdienst vorüber und die Gefahr »heiliger Scheiße« somit gebannt war.

Kraftausdruck = Aufmerksamkeit = prima Reaktion = mach ich wieder, wenn ich neue Aufmerksamkeit brauche

So in etwa lautet die Gleichung, die in Kinderköpfen aufleuchtet, wenn sie Schimpfwörter gebrauchen. Denn im Normalfall weiß ein Vierjähriger nicht, was »Hurensohn« bedeutet, doch er kriegt natürlich mit, dass Papa schimpft, Mama entsetzt schaut und Oma die Eltern mahnt, »was habt ihr dem Kind nur beigebracht?«. Gleichsam verkehrt ist es, bei einem witzigen Ausdruck zu lachen (auch wenn's manchmal wirklich schwerfällt ernst zu bleiben), denn all das signalisiert dem Nachwuchs, dass es sich um Worte mit besonderem Effekt handelt, die man unbedingt zeitnah wiederholen sollte.

Werden Kinder ein wenig älter, dürfen sie dagegen ruhig mal schimpfen und dazu auch Kraftworte benutzen, meinen Pädagogen. Das sei wichtig für die Entwicklung der Kleinen und ermögliche es ihnen, ihre Frustration zu kanalisieren. Ein Fluch sei da viel besser als destruktive Handlungen, die etwa dazu führen könnten, dass Spielzeuge zerbrochen werden usw.

Wenn das Fluchen häufig vorkommt, sollten Eltern es nicht verbieten, sondern schimpfwortfreie Zonen, zum Beispiel im Wohnzimmer und in der Küche, einrichten, wohingegen der Nachwuchs etwa im eigenen Zimmer oder im Bad Dampf ablassen darf. Das Fluchen zu unterdrücken, so Experten, ist nicht nur unmöglich, sondern auch ungesund. Denn nicht nur für uns Große, auch für die Kleinen können »Mist« und »Scheiße« erleichternd sein. Solche Ausdrücke unbedingt von Töchtern und Söhnen fernhalten zu wollen, sei deshalb ein überflüssiges Unterfangen.

Natürlich sollten Erwachsene Kindern möglichst ein Vorbild sein. Ständig zu schimpfen, zu fluchen oder Beleidigungen in ihrem Beisein auszusprechen, ist deshalb ein absolutes No-Go, auch für mich. Andererseits habe ich mich aber dazu entschieden, vor Kindern keine Tarnausdrücke wie »Scheibenkleister« zu verwenden. Okay sind originelle Alternativen wie »Krötengrütze« oder »Echsendreck« – sofern sie mir denn gerade im Augenblick des akuten Ärgers im Hirn herumgeistern. Rutscht mir stattdessen eben doch mein »Ich scheiß in die Milch« heraus, dann finde ich das in Ordnung. Auch wenn es schon vorkam, dass ich einem jungen Zuhörer anschließend erklären musste, dass Kakao anders angemischt wird.

Schließlich versuche ich seit ein paar Jahren mehr oder weniger erfolgreich, meine anerzogenen »guten Manieren« in Sachen Fluchen wieder loszuwerden. Da ist es doch irgendwie unehrlich, Geld in Fluch-Kassen zu stecken, die dazu dienen, das, was ich mir mühsam wieder angewöhne, überhaupt erst abzuerziehen. Kinder lernen spielerisch, was Sie und ich uns hart erarbeiten müssen – gilt sogar fürs Fluchen!

Das alles erkläre ich Rebekka, die für ein »Bockmist, blöder« fünf Euro von mir kassieren will. (Ich hatte mir den Kopf gestoßen, als wir mit Linus unter seinem Schreibtisch eine Höhle bauen wollten.) »Blöder Bockmist!«, wiederholt der Fünfjährige begeistert, woraufhin sie mir nur einen bösen Blick zuwirft.

»Wir sind aber im Kinderzimmer, da ist fluchen erlaubt«, gebe ich kampfbereit zurück.

Bekki lacht. »Du weißt schon, dass du eine ganz schöne Knalltüte bist, ja?«

Wir einigen uns darauf, dass wir damit quitt sind, und dass die Regeln für die Fluch-Kasse ein wenig gelockert werden. Nur bei mehrfachen Wiederholungen, persönlichen Beleidigungen (die über Knalltüte hinausgehen) und F-Worten muss ab jetzt einbezahlt werden. Juchhu, Freiheit für die Flüche von Linus und (bald) Jonas! Und mir droht keine Privatinsolvenz mehr ...

Auch was das Fluchen vor und von Kindern (eigene oder befreundete/verwandte) angeht, können wir also ganz entspannt einen Gang zurückschalten und locker lassen. Verhindern lässt es sich ohnehin nicht, und ein Recht darauf, dem eigenen Ärger Luft zu machen, hat man selbst im Kindergarten- und Grundschulalter. Für Sie mag ein zusammenstürzender Jenga-Turm keinen berechtigten Anlass zum Ausflippen liefern, doch zwischen fünf und neun Jahren kann das eine total angemessene Reaktion darstellen!

So wie Sie schimpfenden Nachwuchs nicht verteufeln sollten, gilt es auch, sich selbst nicht allzu sehr zu geißeln, wenn dann trotz aller Fluch-Abstinenz-Bemühungen doch mal ein »Scheiße«, »Fuck« oder eben »Bockmist« rausrutscht. Stecken Sie gegebenenfalls die fünf Euro in die Fluch-Kasse und betrachten Sie beides (Geld und Kraftwort) als Geschenk an die nächste Generation, die dafür sorgen wird, dass das Fluchen nicht ausstirbt. Das soll es auch gar nicht, denn Fluchen ist, Linguisten und Gehirnforschern zufolge, ein menschlicher Urtrieb, der in unseren neuronalen Strukturen fest verankert ist.

Die ersten überlieferten verbalen Schmähungen sind bereits mehr als fünftausend Jahre alt, und in der Geschichte finden sich zahlreiche Berühmtheiten, die für ihre deftigen Worte bekannt waren. William Shakespeare, Johann Wolfgang von Goethe, Mark Twain – was die neben ihren bewunderten Werken so alles losgelassen haben, würde heute Rebekkas Sparschwein ganz fix zum Bersten bringen. Fluchen und Schimpfen hat also lange Tradition, und sie wird fortgeführt. Wenn Linus jetzt »blöder Bockmist« motzt und mir dabei verschwörerisch zuzwinkert, dann können Sie und ich uns ganz beruhigt zurücklehnen: Der Nachwuchs ist gerüstet, die Zukunft liegt in kompetenten Händen. Und Mündern.

FUCKTEN-CHECK KAPITEL 4

Familie ist so ziemlich das dünnste Eis, auf das wir uns in Sachen Fluchen begeben können. Denn einem Großteil der Beteiligten bringen wir Gefühle entgegen; so richtig kalt lassen uns Verwandte meist nicht, auch wenn es sich durchaus nicht immer um Liebe handelt.

Gerade bei den Menschen, die Ihnen etwas bedeuten, wird es sich auf Dauer kaum vermeiden lassen, dem ein oder anderen auf den Schlips zu treten. Es sei denn, Sie machen alles so, wie Ihre Lieben sich das vorstellen. Dann müssen Sie sich allerdings wahrscheinlich irgendwann klonen, denn es wird vorkommen, dass man Sie an mindestens zwei Orten zur gleichen Zeit braucht. Spätestens, wenn das mit Ihnen und dem Dolly-Schaf nichts geworden ist, steht daher die Bildung von Prioritäten ins Haus.

Bedeutendste Frage hierfür: Welche Vorstellungen sind mir wichtiger, meine eigenen, oder die von
- Mama
- Papa
- Mama und Papa
- Oma und/oder Opa
- Schwiegermama und/oder Schwiegerpapa

- Tanten, Onkels, Cousinen, Cousins, Neffen, Nichten
- sämtliche Schwieger-/Schwipp-/Stief-/Schwägerversionen?

Bei den meisten dieser Personen wird irgendwann der Zeitpunkt bzw. die Gelegenheit bzw. die Notwendigkeit auftauchen, der eigenen Meinung/dem eigenen Kalender/der eigenen Lebensphilosophie den Vorrang zu geben und zu sagen »Fuck! Hör endlich auf, mich mit deinen Ansichten, deinen Terminen und deinen blöden Ideen zu nerven«. Egal ob das jetzt Spanischkurs, Weihnachtsrouladen, politische Präferenzen oder Fluch-Kassen betrifft.

Während einem das bei den Onkel Werners dieser Welt sogar noch Spaß macht, wird es mit zunehmendem Grad der Zuneigung immer komplizierter. Das Problem: Tut man's nicht und lässt sich die Meinung/den Terminkalender/die Lebensphilosophie der anderen aufdrücken, nimmt diese Zuneigung ab und dafür die Abneigung zu. Bis man schließlich eigentlich tolle Familienmitglieder nicht mehr leiden kann, weil man selbst nicht den Arsch in der Hose hatte zu sagen: »Mein Kreuzchen kriegt die FDP nicht.«

Oder: »Ich kann Geranien und Bevormundung nicht leiden.«

Oder: »Ich bin nicht perfekt, aber ich liebe dein Kind, Schwiegermama, und das wiederum mich; ich hoffe, das reicht dir.«

Oder: »Ich muss mich an Weihnachten vierteilen, wenn ich allen Einladungen nachkomme, deshalb sage ich dir ab und komme dich lieber im neuen Jahr besuchen, dafür am Stück.«

Oder einfach: »Ich scheiß auf die Fluch-Kasse und in die Milch, hier haste zehn Euro, das war's mir wert!«

Bringt man hingegen rechtzeitig den Mut auf, den Lieben klare Grenzen zu setzen, kann man auf einmal viel besser damit leben, dass Tante Anne ihre Freizeit mit Flyern unter einem gelb-blauen Sonnenschirm, der wohlgemerkt nicht von Ikea ist, verbringt.

Vom Urteil der Schwiegermutter hängt plötzlich nicht mehr das persönliche Lebensglück ab, und das von anderen Verwandten nicht davon, ob man selbst einem Namenstag beiwohnt oder nicht. Man kriegt es sogar hin, Mamas herrlich blühende Geranien zu loben und findet die Idee, dass es da womöglich doch marginale Ähnlichkeiten zwischen ihr und einem selbst geben könnte, nicht mehr ganz so tragisch.

Ob und wie gut man diese Grenzen setzen kann, hängt unter anderem von der eigenen Durchsetzungskraft ab. Wenn's da ein wenig hapert, lohnt verstärktes Üben – nicht nur für den Umgang mit der Familie. Die folgenden fünf Tipps helfen, das eigene Durchsetzungsvermögen zu verbessern:

1. Seien Sie präzise in Ihren Ansagen!
   Sie sagen eine Familienfeier ab? Dann erklären Sie klar, warum Sie nicht können (anderer Termin, keine Lust, Krankheit usw.). Sie möchten keine Geranien im Blumenkasten? Dann geben Sie den Grund an (zu altmodisch, allergisch, Erinnerung an die Mutter von Timo usw.). Sie interessieren sich nicht für das Programm von Partei XY? Dann erläutern Sie die Hintergründe (allgemeine Politikverdrossenheit, gegensätzliche Einstellung usw.).

2. Vermeiden Sie den Konjunktiv!
   »Könnte«, »würde«, »hätte«, »wenn, dann« oder »eigentlich« haben nichts in Sätzen zu suchen, mit denen Sie Ihre definitive Meinung äußern. Nur wenn Sie ohne Umschweife formulieren, signalisieren Sie damit dem Gegenüber, dass auf Ihrer Seite kein Verhandlungsspielraum mehr besteht. Sonst heißt es schnell: »Du würdest XY wählen, wenn du eine Lobotomie hinter dir hättest? Dann mach ich die grad mal, ist doch kein Problem.«

3. Bereiten Sie sich vor!
Verwandte, die etwas von Ihnen wollen, sind wie Verhandlungspartner in einer geschäftlichen Beziehung. Überlegen Sie sich deshalb im Vorfeld einer Absage oder anderen klaren Meinungsäußerung, welche Argumente Sie für Ihre Entscheidung vorbringen wollen. Dass Sie am Tag von Onkel Helmuts Namenstag unbedingt Ihre Kaffeemaschine entkalken müssen, ist vielleicht nicht schlüssig genug. Wenn es die Wahrheit (»keine Lust«) mal nicht tut, muss eben eine gut recherchierte Ausrede herhalten.

4. Gewinnen Sie Zeit!
Lassen Sie sich nie spontan, etwa bei einem unvermuteten Telefonanruf, zu einer Zusage bequatschen, die Sie hinterher bereuen. Schlagen Sie stattdessen immer eine vermeintliche Überlegenszeit hinaus, die Ihnen eine gut begründete Absage ermöglicht (»Geranien? Da muss ich mich erstmal erkundigen, ob die überhaupt Sonne/Halbschatten/Wetterseite vertragen.« Und später dann »Nee, geht nicht, der Balkon liegt in der falschen Himmelsrichtung«).

5. Geben Sie nicht nach!
Ganz wichtig zur Verbesserung Ihrer Durchsetzungskraft ist es, bei einem einmal geäußerten »Nein« zu bleiben. Nur durch Konsequenz zeigen Sie, dass es Ihnen mit Ihrer Meinung ernst ist, und dass auch emotionaler Druck, Tränen oder Versprechungen nichts daran ändern. Wenn Sie das ein paar Mal durchgehalten haben (»Du musst aber kommen, sonst bin ich traurig. Ach bitte, es gibt auch extra deinetwegen Rinderbraten, den isst du doch so gern!«), probiert es Ihr Gesprächspartner erst gar nicht mehr.

Am besten für ein gesundes Durchsetzungsvermögen ist tägliches Training – und im nächsten Kapitel finden Sie das perfekte Übungsareal: die Arbeitsstelle!

KAPITEL 5

FUCK-JOBS

MUND AUF IM MEETING

Je nach Branche heißen sie auch Konferenz, Besprechung, Sitzung, Versammlung, Beratung – Sie wissen schon, Zusammenkünfte von Kollegen, während denen etwa der Stand der Dinge bei einem bestimmten Projekt besprochen wird. In meinem Fall waren es Redaktionskonferenzen, die nach dem immer gleichen Schema abliefen: Der Chefredakteur gibt den Ton an, und außer ihm beteiligen sich lediglich die »üblichen Verdächtigen« an dem Gespräch. Nämlich

a) Profilneurotiker, die am liebsten sich selbst reden hören und
b) die Typen von der »Es wird bald mal Zeit für eine Beförderung«-Fraktion, die ein Meeting wie den Konfirmanden-Unterricht betrachten: Nur wer aktiv teilnimmt, wird nachher in den Kreis der Abendmahl-Empfänger/Abteilungsleiter aufgenommen.

Der Rest des Kollegiums sitzt meist still da, stiert ähnlich gierig auf den sich leerenden Keksteller wie Onkel Werner in Richtung

Möpse, und ist ansonsten komplett damit ausgelastet, nicht weiter aufzufallen. Zwischendurch ein verstohlener Blick aufs Handy unterm Tisch – Mails und WhatsApp checken, eine schnelle Runde *Cut the Rope* – und dann geht's weiter mit dem Vorgaukeln von Aufmerksamkeit und dem krampfhaften Versuch, das Gähnen zu unterdrücken. Untersuchungen von Arbeitspsychologen ergaben, dass knapp 60 Prozent aller Angestellten Meetings als unproduktiv empfinden und als Zeitverschwendung ansehen. Geht Ihnen auch so?

Problem: Das Argument »keine Lust« stößt als Begründung dafür, Besprechungen fernzubleiben, unter Vorgesetzten allgemein auf eher wenig Akzeptanz. Einfach nicht hingehen, ist auch keine Option, denn das gilt als Arbeitsverweigerung, selbst wenn da bei Ihnen von Arbeit eigentlich keine Rede sein kann. Insofern muss man durch die im weltweiten Schnitt rund 4,5 Stunden Meeting pro Woche meist durch – aber statt sie einfach wie einen schlechten Trip an sich vorüberziehen zu lassen, kann man die Zeit ja auch nutzen. Klingt seltsam? Geht aber! Genervt sind wir von den lästigen Zusammenkünften laut Studien nämlich vor allem deshalb, weil die Kommunikation nicht richtig funktioniert. Wie sollte sie auch, wenn regelmäßig immer nur die den Mund aufmachen, die eigentlich nichts zu sagen haben? Dann kommt beim eigentlich zur Ideensammlung gedachten Brainstorming statt Gehirnstürmen eben nur kopflose heiße Luft heraus.

Ein prächtiges Beispiel für jemanden, der sich maximal an Themenkonferenzen beteiligt, und das mit minimalem Ergebnis: meine Kollegin Miriam, die die oben aufgeführten Klassifizierungen a) und b) auf begnadete Weise vereinigt, Punkt (b) allerdings völlig aussichtslos. Miriam, das muss man dazu wissen, ist eine von denen, die früher in der Schule in der ersten Reihe saßen, beim Aufzeigen den Arm wie wild rhythmisch nach vorne warfen und gequälte Geräusche von sich gaben, um nur ja drangenommen zu werden. Wurde sie dann aufgerufen, war die Antwort garantiert falsch; aber durch die rege mündliche Beteiligung kam sie trotz fächerübergreifender Ahnungslosigkeit und mieser Klassenarbeiten irgendwie zum Abi. Da belohntes Verhalten klassischerweise zur Wiederholung führt, sitzt Miriam nun in Redaktions-Konferenzen eines Frauenmagazins und »beteiligt sich«, indem sie Dinge vorschlägt wie:

Die Österreich-Diät: Abnehmen mit Kaiserschmarrn

Entgegnet jemand (ich), dann könnte man ja gleich Sachertorte wählen, antwortet sie »okay klar, nehmen wir die«. Das ist dann beides ein Schmarrn, aber das einzige Volumen, das dabei vielleicht schrumpft, ist die Gehirnmasse.

Miriam war es übrigens auch, die am Telefon einer Leserin, die etwas zu einem von ihr veröffentlichten Beauty-Tipp wissen wollte, ungelogen antwortete: »Da müssen sie in der Redaktion XY anrufen, von denen habe ich den nämlich abgeschrieben.« Man muss kein Branchen-Insider sein, um zu erahnen, dass das eher unüblich ist (also das freiwillige Eingestehen des Klauens, nicht das Klauen an sich).

Auch die aussagekräftige Headline »Die besten Tipps für einen kackigen Po« stammte aus ihrer Feder, wobei – der Fairness halber – das fehlende »n« noch von diversen weiteren Kollegen übersehen wurde.

Irgendwann, als ich mit meinem Lieblingskollegen, Grafiker Micha, während der Besprechung unter dem Tisch wieder mal munter Nachrichten per Smartphone austauschte und Miriam (wirklich ernst gemeinte) Ideen vortrug wie

Die Afrika-Diät: Fasten für die Traumfigur

rutschte es ihm einfach so raus: »Das ist doch scheiße.« Erst als er hochschaute und alle Augen auf sich gerichtet sah, begriff er, dass er seine Gedanken laut gesagt hatte. »Schön, dass sie sich zu Wort melden, Herr F., aber würden Sie uns bitte etwas genauer darlegen, worin ihre Kritik liegt?«, fragte ihn der Chefredakteur gereizt, und Micha stotterte etwas vor sich hin, was verdächtig nach »nicht immer nur Diäten« und »mal über alternative Inhalte nachdenken« klang.

»Aber Diäten sind für Frauen nun mal wichtig!«, gab Miriam nicht kampflos auf.

»Sicher, aber vielleicht mal mit einem anderen Ansatz?«, warf Micha ein. »Wie wäre es denn, wenn wir beispielsweise Metabolic Balance vorstellen würden oder beleuchten, ob Akupunktur was bringt? Wir könnten auch die Diätfortschritte verschiedener Frauen dokumentieren, inklusive Fotos, und das Ganze als fortlaufende Reportage-Serie bringen?« Der Chef nickte Micha wohlwollend zu: »Gute Ideen, Herr F.!«

Eine andere Kollegin brachte eine Bekannte ins Spiel, die man beim Abspecken begleiten könne, und nach einer Stunde stand das grobe Konzept für eine neue Rubrik. Als es kurz darauf hieß »so, wir müssen an dieser Stelle Schluss machen, nächste Woche bitte ich um genauso rege Beteiligung«, schauten alle erstaunt auf die Uhr. Wie, Konferenz schon vorbei? Mist, wann spiele ich denn jetzt *Cut the Rope*?

»Ganz schön clever, Herr F.«, sagte ich später zu meinem Lieblingskollegen, der zumindest für diesen Tag auch zum Lieblingsmitarbeiter des Chefredakteurs avanciert war. »Was?«, wollte er wissen. Ich erklärte, dass sein Sich-in-Szene-Setzen mit dem einleitenden »Scheiße« ein wirklich guter Schachzug gewesen sei. Schließlich hatte Micha damit einen ähnlichen Achtungserfolg erzielt, wie mein Neffe einst bei meines Bruders Hochzeit. »Ach

so, das meinst du«, antwortete er grinsend. »Das lag gar nicht an der Konferenz. Ist mir nur rausgerutscht, als ich auf dem Handy las, dass die Chicago Bulls gegen die Washington Wizards verloren haben. 97 zu 98!«
Häh?
»NBA! Nie gehört?«
Nö.

Um ehrlich zu sein, war mir US-Basketball auch weiterhin relativ wurscht, ganz im Gegensatz zu der Erkenntnis, wie viel Aufmerksamkeit ein – okay, in diesem Moment unbewusster – gezielt platzierter Kraftausdruck im Job bewirkt. Also in einem Umfeld, von dem man gemeinhin denkt, dass Flüche dort eher nichts zu suchen haben. Schon nach ein wenig Recherche war ich schlauer: im Gegenteil!

Jedes zweihundertste unserer Worte ist, Untersuchungen zufolge, ein Fluch; andere Quellen besagen, dass wir durchschnittlich sechzig Schimpfworte pro Tag aussprechen. Da man im Job meist nicht nur ziemlich viel Zeit verbringt, sondern einem auch noch in schöner Regelmäßigkeit entsprechende Anlässe kredenzt werden, entfällt naturgemäß eigentlich ein Großteil der Kraftausdrücke in die Arbeitszeit. Während ich mich aber sonst bewusst lockermachte und an anderen Stellen gepflegt vor mich hin fluchte, verkniff ich mir im »Dienst« solche verbalen Entgleisungen. Dabei sind die durchaus sinnvoll: Innerhalb eines Teams von Kollegen der gleichen Hierarchie-Stufe hilft Fluchen bzw. das Benutzen von Kraftausdrücken nämlich, sich zu behaupten und die eigene Position zu stärken, wie eine Untersuchung von Yehuda Baruch, Professor für Management an der Southampton Business School, belegt. Somit hieß es ab sofort für mich: *Scheiß auf Nicht-Fluchen im Job!*

Wenn also Miriam – bzw. wie immer die Kollegen (m/w) gerade heißen, die sich mit heißer Luft wichtig machen – wieder mal inhaltlichen Mist verzapft, nenne ich es auch genauso. Das regt Diskussionen und Austausch da an, wo vorher nur langweiliges Rauschen und Keksgekaue zu hören war. Probieren Sie's selbst aus: So ein »Das ist doch scheiße« wie von Micha bringt wirklich ganz neue Dynamik in Konferenzen! Zudem finden Ihre Ideen plötzlich Gehör: Sowohl bei denen, die vorher ständig Stöpsel drin zu haben schienen, als auch bei solchen, die einem generell zwei offene Ohren schenken – damit das, was andere sagen, schnell durchs eine rein- und durchs andere wieder rausrauschen kann.

Kleine Einschränkungen gelten allerdings schon: Nehmen Team-Fremde am Meeting teil, wie etwa Kunden oder der Geschäftsführer, sind Schimpfworte & Co. tabu; die sollten Sie nur unter Ihresgleichen benutzen. Auch wenn Sie Typ b) angehören, sich also für eine Führungsposition empfehlen möchten, ist es ratsam, Flüche sparsam, nicht zu derbe und vor allem stets mit gutem Grund einzusetzen. Zumindest dann, wenn Sie eine Frau sind. Denn lautstarker weiblicher Frustabbau ohne einen hinreichenden Anlass wirkt auf Entscheider zu emotional und disqualifiziert nicht selten für eine Beförderung. Das zeigen Studien der US-Psychologen Victoria Brescoll und Eric Luis Uhlmann. Die Forscher deckten auch auf, dass das bei Männern ganz anders aussieht: Hier gilt deftig geäußerte Wut – auch ohne nähere Erläuterung – als Nachweis für Führungsstärke und Kompetenz. Manch einer flucht sich gar zum Präsidenten der Vereinigten Staaten ...

EY, DU OPFER

Frauen haben es ja insgesamt ein bisschen schwerer, in leitende Positionen zu kommen, nicht nur bei US-Wahlen. Das liegt zum Beispiel daran, dass sie sich aus Statussymbolen oft weniger machen und aus falsch verstandener Bescheidenheit hinter männlichen Kollegen zurückstecken. Größeres Büro? Ach, ist mir nicht wichtig, muss die Putzfrau ja alles saubermachen. Firmenparkplatz? Nicht nötig für meinen kleinen Twingo. Dicker Geschäftswagen? Nee, der Twingo lässt sich besser rückwärts einparken. Das Argument mag gut sein; andererseits ist der Geschäftswagen über die Firma vollkaskoversichert, sodass die eine oder andere Beule, wenn beim Ausparken mal ein Pöller im Weg steht, nicht ins Gewicht fällt. Und einen Parkassistenten haben solche Autos meist auch.

Selbst wenn Sie innerlich einem Bettelorden angehören: Die Arbeitsstätte ist der falsche Ort für Tiefstapeln. Wenn man auf alles verzichtet, was einem das Arbeitsleben an Annehmlichkeiten bietet, sprich

- ein hübsches Gehalt, das Kobe ab und an erlauben würde (auch wenn man es gar nicht mag)
- einen Titel, der die Hälfte der Visitenkarte einnimmt und dabei irre wichtig klingt
- Dienstwagen, Firmenparkplatz, Büro mit Sitzgruppe und Ausblick nicht auf die Mülltonnen,

gehört man vielleicht zu den Erleuchteten und wird dann irgendwann in Indien als heilige Kuh wiedergeboren. Im Diesseits aber ist man kein unantastbares Hausrind, sondern ganz schlicht die dumme Kuh. Und mal ehrlich: Möchten Sie bei den schicken neuen Büromöbeln wirklich passen, nur um möglicherweise irgendwann planlos muhend auf Kalkuttas Straßen zu stehen? Also.

Ich legte früher im Job auch einige Eigenschaften und Tätigkeiten an den Tag, die mir der gesunde Menschenverstand diktierte. Und genau da liegt oft das Problem: Gesunder Menschenverstand und Arbeitsstelle haben im Regelfall relativ wenig miteinander zu tun.

Ein Beispiel: Eigentlich neige ich dazu, mich recht schnell zu bewegen, und das tat ich besonders im Büro. Ich hatte da ja ein bisschen was zu erledigen, und war nicht deshalb vor Ort, weil die Innenausstattung so hübsch war oder die Kollegen so toll. Viele Jahre erkannte man mich deshalb an meinem schnellen Schritt auf dem Gang. »Da kommt Steffi«, wussten die anderen schon, wenn sie meine Schritte im Flur hörten. Irgendwann nahm ich dann an so einer ominösen Führungskräftefortbildung teil. Richtig viel hab ich davon nicht behalten, aber ein Tipp blieb hängen: Geh langsam! Wichtige Menschen hetzen sich nicht. Warum? Ganz einfach: Die Party geht ja eh erst richtig los, wenn sie da sind. Mein Kopf hatte das recht schnell begriffen, aber bis die Erkenntnis bis zu meinen Füßen durchsackte, dauerte es etwas. Falls Sie sich jetzt fragen, ob Sie überhaupt so »wichtig« sind, dass Sie langsamer gehen sollten: Selbstverständlich, wären Sie nicht wichtig, würde sich die Firma Ihr Gehalt sparen, oder?

Ein anderes Ding ist das, was sich unter dem Begriff »naheliegende Freundlichkeit« zusammenfassen lässt. Freundlich und naheliegend war es etwa, Papier nachzufüllen, als ich feststellte, dass mein Ausdruck nicht rauskommen konnte, weil eben keines mehr im Drucker lag. Dass es nicht nur freundlich, sondern auch saublöd war, wurde mir erst klar, als die dreihundertzweiundsiebzig Seiten der Kollegen, die kein Papier nachgefüllt hatten, zuerst rauskamen – und ich dann auch noch den Toner wechseln musste, bevor ich endlich meinen Ausdruck in der Hand hielt.

Ja, es ist ein bisschen schade, aber im Job gilt die alte Regel: *Jeder denkt an sich, nur ich denk an mich.* Und das bedeutet: Fuck you, falsche Bescheidenheit und naheliegende Freundlichkeit!

Kennen Sie noch diese Momente, früher, im Sportunterricht, wenn zwei Mannschaftsführer bestimmt wurden, und die dann nacheinander ihre Gruppen wählen mussten? Es gab immer die Klassiker, die zum Schluss übrig blieben. Die lahme Verena, die beim Völkerball immer alle extra abwarfen, weil sie dann anfing zu heulen, und der dicke Basti, der schon allein aufgrund seiner Körperfülle das perfekte Ziel darstellte. Heute sind Basti und Verena den Sportklamotten von früher entwachsen (Basti passte eigentlich nie wirklich rein) – stattdessen entfernen sie kompetent Papierstaus und ärgern sich darüber, dass sie wieder nicht befördert wurden. Kurz, Basti und Verena sind Opfer. Der Unterschied zwischen Schul- und Arbeitszeit: Früher wurde man da zwangsweise zum Opfer. Heute begeben sich Kollegen gar nicht selten freiwillig in diese Rolle.

Statistisch gesehen sind Verenas öfter Opfer, XX-chromosomenbedingt. Leuchtendes Beispiel einer solchen Verena: meine frühere Kollegin Maike. Sie fuhr zwar keinen Twingo, sondern irgendwas Koreanisches, aber der Rest kam hin. Nicht, dass man irgendetwas Böses über Maike gesagt hätte. Im Gegenteil, sie war im Kollegenkreis total beliebt. Kein Wunder:

»Mist, der Chef will heute noch XY von mir gemacht haben, dabei hab ich doch Kinokarten. Maike, könntest du vielleicht …?«

Und Maike: »Ja, klar, kein Ding. Mach ich gern.«

»Frau S., sind Sie mit dem Thema ABC schon durch? Super, dann greifen sie doch bitte Herrn G. unter die Arme, der schwimmt ein bisschen und kann Hilfe brauchen.«

Maike: »Ja, klar, kein Ding. Mach ich gern.«

»Lieblingsmaike, könntest du für mich das Telefoninterview mit Gandalf dem Grauen übernehmen? Müsstest aber wegen der Zeitverschiebung um vier Uhr nachts in Mittelerde anrufen.«

Maike: »Ja, klar, kein Ding. Mach ich gern.«

Verstehen Sie, was ich meine? Maike tat häufig Dinge für andere, um ihnen etwas abzunehmen, den Tag zu erleichtern, eine Freude zu machen. Das Problem: Kollegen sind Menschen, die es nur in Ausnahmefällen verdienen und zu schätzen wissen, dass man ihnen eine Freude macht. Meist ist es vielmehr so, dass, wenn man Kollegen den kleinen Finger reicht, die gleich den ganzen Arm amputieren.

In Maikes Fall war es Daniela, die den Schnitt an der Schulter ansetzte: »Am Wochenende kommt mein Freund aus England, dabei muss ich doch für diese blöde Reportage zum ›Selbstbewusstsein kann man lernen‹-Seminar nach Bayreuth. Maike, hast du am Wochenende zufällig noch nichts vor …?«

Maike: »Ja, klar, kein Ding. Mach ich gern.«

Am darauffolgenden Montag während der Themenbesprechung – Sie wissen ja, während es in Agenturen hippe Meetings gibt, finden in Verlagen dagegen nur olle Konferenzen statt, was deutlich auf Kosten der technischen und kulinarischen Ausstattung geht – erkundigte sich der Chefredakteur nach dem Stand der Dinge.

»Frau W., Sie waren doch am Wochenende in Bayreuth, wie war's?«

Daniela räusperte sich. »Ach, ganz gut …«, doch Maike fiel ihr ins Wort: »Es war super. Ich bin statt Daniela hingefahren, da sie dringende private Verpflichtungen hatte.«

Der Chef zog die Augenbrauen hoch, während Daniela ihre Lider zukniff und Maike einen bösen Blick zuwarf. »Ach, ist das so, Frau W.? Na, dann sollte aber auch Frau S. die Reportage schreiben, wenn sie die Recherche schon übernommen hat. Im Übrigen sprechen Sie so was demnächst bitte im Vorfeld mit mir ab.«

In den kommenden Tagen lieferte Maike, die sonst immer für Dekothemen zuständig war, eine tolle Reportage ab und legte damit den Grundstein für ihren Ressortwechsel ein paar Monate später. In der gleichen Woche fragte Bildredakteur Ingo beim Mittagessen in der Kantine, ob Maike, die die letzte erhältliche Portion Apfelpfannkuchen ergattert hatte, diese gegen sein »wir haben nur noch Schnitzel«-Schniposa tauschen würde. Und sie antwortete: »Nee, keine Chance, die esse ich selbst.« Am Tisch wurde es kurz so still, als hätte jemand in einem Nobelrestaurant Mayo zu den Flusskrebs-Ravioli bestellt.

Irgendetwas war passiert, und ich nutzte die nächste Gelegenheit, Maike darüber auszuquetschen. Sie gestand ganz offen, dass ihr die Bayreuther Kursinhalte die Augen geöffnet hätten. »Ich habe euch ständig irgendwelche Gefallen getan, weil ich irgendwie dachte, dass ihr mich sonst nicht mögt«, erklärte sie. Ihr sei aber klargeworden, wie wenig Nutzen sie aus dieser »erkauften« Sympathie eigentlich zöge. Und deshalb habe sie sich vorgenommen, ihre Nettigkeits-Ressourcen besser einzuteilen und gezielter einzusetzen. »Hättest du mich um die Apfelküchle gebeten, hätte ich sie dir gegeben«, versicherte Maike lächelnd. »Aber mit Ingo hab ich kaum was zu tun. Und die Kantinen-Schnitzel mag ich nicht, die machen hier so eine eklige Panade.«

Heute, einige Jahre später, ist Maike, die in Wirklichkeit anders heißt, Chefredakteurin eines Magazins und einer meiner Auftraggeber. Ich erinnere mich noch an ihren lautstarken Streit mit Dani, als beide um die Beförderung zur Ressortleitung konkurrierten. Er endete mit Maikes legendärem Kommentar: »Ehrlich gesagt, scheiß ich drauf, ob du mich nett findest oder nicht, Daniela«.

Dieser Satz (ohne das »Daniela« natürlich) verdient ebenfalls einen Platz an der Pinnwand, gleich neben dem *Du solltest öfter mal »Fuck« sagen, das steht dir.* – Zumindest im Büro all derer, denen es ähnlich geht wie Maike früher. Oder die wie ich zur Feigenettigkeit neigen. Sie müssen ihn ja nicht wirklich aufhängen, aber behalten Sie ihn mindestens im Hinterkopf. Und wenn das nächste Mal Gehaltserhöhung oder Firmenparkplatz & Co. zur Disposition stehen, stehen wir nicht in der bescheidenen zweiten Reihe, sondern legen uns den Lendenschurz fürs Schlammcatchen an. Wetten, dass der besser passt als die Sportklamotten aus Schulzeiten? Und wenn uns deshalb im Anschluss jemand nicht mehr leiden mag: Ehrlich gesagt, scheißen wir drauf. Schlimmstenfalls wird's halt nix mit dem asiatischen Wiederkäuer.

PRIMA KLIMA VS. DICKE LUFT

Montag ist, zumindest in Unternehmen mit arbeitsfreiem Wochenende, meist der unbeliebteste Tag der Woche. (Erwähnen Sie das aber nie in der Nähe von Geschäftsführern, sonst liefern Sie das beste Argument für Samstags- und Sonntagsdienst!) Ein Viertel der Belegschaft nimmt Urlaub auf gelbem Schein, während die anderen 75 Prozent schlecht gelaunt sind, weil die ganze, unendlich lange Arbeitswoche vor ihnen liegt und sie die Aufgaben der »Kranken« auch noch miterledigen sollen.

Montag ist auch der Tag, an dem man den Kollegen ihr Privatleben noch relativ deutlich anmerkt. Oft handelt es sich dabei um Dinge, die man gar nicht wissen möchte. Der eine bringt noch die Fahne von der Freibierparty am Samstag mit in den Betrieb, der Nächste trägt Knutschflecke am Hals – und Müller aus der Personalabteilung bevorzugt montags grundsätzlich Stehtische. Die Begründung dafür lieferte irgendwann die Meier aus der Buchhaltung, die ihn mal aus dem stadtbekannten Domina-Studio hat herauskommen sehen. Micha hingegen erweckt zwischen Sonntag und Dienstag nicht selten eher den Eindruck eines Schlafwandlers als eines Grafikers, weil er am Wochenende meist von früh bis spät auf der Baustelle seines Hauses malocht.

Ich musste seine Haare montags sogar schon von Gipsputz befreien, der ähnlich fest pappt wie Partei-Aufkleber.

Mein früherer Kollege Simon war jedoch für mich derjenige mit den unangenehmsten Wochenende-Überbleibseln im Büro: Ihn umwehte montags regelmäßig ein derart grauenhafter Geruch nach Knoblauch, dass sich jeder Vampir in seiner Nähe freiwillig eigenhändig einen Pflock ins Herz gerammt hätte. Da konnte man die Fenster so lange und so weit öffnen, wie man wollte – die Knofischwaden waberten unaufhörlich weiter durch den Raum. Knoblauchmief hat einfach eine verdammt lange Halbwertszeit.

Nicht dass Simon an sich ein übler Kerl war; hätte ich eine Dreißig-Stunden-Woche gehabt mit Beginn am Dienstag oder mein Schreibtisch nicht ausgerechnet direkt gegenüber von seinem gestanden, wäre er womöglich einer meiner Lieblingskollegen gewesen. So lagen die Dinge jedoch anders. Die Schwierigkeit bestand nicht mal im Knollen-Gestank an sich, sondern viel mehr in dem Umstand, dass Simon auf subtile und weniger subtile Hinweise diesbezüglich rein gar nicht reagierte:

Ich hielt bewusst ein wenig Abstand, wich mit dem Kopf zurück. Er ignorierte es.

Ich hielt mir dezent mit dem Zeigefinger die Nase zu, wenn er sprach. Er ignorierte es.

Ich atmete in seiner direkten Nähe nur noch durch den Mund. Er ignorierte es.

Ich fragte ihn, ob er am Wochenende Wellness-Urlaub auf der Knoblauch-Farm gemacht hatte. Er verneinte stoisch, ohne die Mundwinkel zu verziehen.

Irgendwann an einem Montagmorgen, Simon roch wie *Spaghetti aglio e olio*, nur ohne Pasta und Öl, konnte ich nicht anders: Ich sagte die Wahrheit. »Simon, ganz ehrlich, du riechst montags immer fürchterlich nach Knoblauch, mir wird jedes Mal ganz übel davon.«

Wenn Sie jetzt Mitleid mit ihm haben und denken, er wäre womöglich irgendwie peinlich berührt gewesen – falsch. Beides. Er lachte und entgegnete lediglich: »Mei, nach sieben Zehen riecht das halt etwas. Aber Knoblauch ist gesund, und ich nehme ja schon während der Woche Rücksicht auf dich, da musst du montags halt durch.«

Grundsätzlich hat er mit einem Teil seiner Ansicht nicht Unrecht. Das Zwiebelgewächs ist wirklich gesund, gilt als Schutzschild für die Gefäße und senkt den Cholesterinspiegel. Mich bewahrte es allerdings nicht vor einem Schlaganfall, im Gegenteil: Der passive »Genuss« durch Simon brachte mich einem Infarkt vielmehr deutlich näher. Schließlich lief meine Cortisol-Ausschüttung aufgrund der bevorstehenden Begasung schon ab Sonntagabend Amok. »Iss doch auch mehr Knoblauch, dann riechst du es gar nicht«, schlug er allen Ernstes vor. Vielleicht wäre ich aus lauter Verzweiflung seiner Idee sogar gefolgt, doch hatte ich im Gegensatz zu ihm regelmäßigen Kundenkontakt, ging also auch nicht.

Eines Tages, ich war bereits kurz davor, mich nach einem anderen Sitzplatz zu erkundigen, kam mir eine Idee. Ich weihte Göttergatte in meine Strategie ein, und wir schmiedeten infolgedessen eifrig Speisepläne für das kommende Wochenende …

Am Montag danach war ich extra eine halbe Stunde früher im Büro, um vorbereitet zu sein. Alles klappte wie am Schnürchen, und als Simon wenig später die Tür öffnete, prallte er erschrocken zurück. »Puh, wonach riecht es denn hier?«, fragte er angewidert und wedelte sich die Luft vor der Nase weg. »Keine Ahnung«, gab ich betont gleichmütig zurück. »Ich habe allerdings am Samstag eine Hülsenfrüchte-Diät begonnen, um meinen Protein-Haushalt auf Vordermann zu bringen. Vielleicht …« Ich ließ den Satz unbeendet und lächelte ihn verschlagen an.

Wir fixierten einander, starrten uns an wie Duellanten in einem Western. Die Luft war zum Schneiden (das lag allerdings nicht nur an der greifbaren Spannung im Raum). Es fühlte sich an, als würde gleich einer vorbeikommen und das Lied vom Tod spielen. Was olfaktorisch gesehen gerade auch bestens in unser Büro gepasst hätte.

»Was soll die miese Aktion?«, fragte Simon angriffslustig.

In meinen Ohren erklang die die Mundharmonika.

»Ganz einfach, ich will, dass du deine ewige Montagsknoblauchscheiße endlich sein lässt und aufhörst, dich wie ein egoistisches Arschloch zu benehmen!«

Bäm! Die E-Gitarre! Oder ist das ein Bass? Egal, mein Einsatz, nimm das!

Simon schwieg miesepetrig, während er meinen Schreibtisch in gebührendem Abstand umkreiste, ohne seinen Blick von meinem zu lösen. Schließlich hatte er den Raum durchquert und war beim Fenster angekommen. »Okay, du hast gewonnen. Touché!«, knurrte er zähneknirschend und öffnete es. Keiner von uns beiden sprach ein weiteres Wort, während wir unsere Lungen mit köstlichem Sauerstoff füllten.

»Ein Glück, dass er so schnell klein beigegeben hat«, seufzte Göttergatte abends erleichtert, als ich ihm von dem Erfolg berichtete. »Ich habe mich bereits mit dem Gedanken an getrennte Schlafzimmer vertraut gemacht ...«

Während Göttergatte und ich uns noch immer den Schlafraum teilen, teile ich mit Simon schon lange kein Büro mehr. Privat halten wir trotzdem noch Kontakt: Manchmal lädt er mich zum Essen ein und zaubert dann ein hervorragendes Chili con carne. Noch immer ist Samstag jedoch der einzige Tag, an dem ich mir den Verzehr erlauben kann, Sie wissen schon, Knoblauch *und* Hülsenfrüchte. Mein kleines Manöver hat unser Verhältnis keineswegs dauerhaft getrübt, im Gegenteil. »Ich hätte dir gar nicht so viel Durchsetzungskraft zugetraut«, gestand er mir ein paar Wochen nach unserer Auseinandersetzung sogar durchaus anerkennend.

Aus diesem Konflikt habe ich außer der Erkenntnis, dass ich Hülsenfrüchte nicht besonders gut vertrage, auch sonst einiges gelernt. Ich mache seitdem beispielsweise gleich meine klimatischen Präferenzen klar, wenn ich mit anderen in einem Raum arbeite(n muss). Schließlich gibt's da ja so manche Details zu erörtern:

- Klimaanlage aus oder an?
- Fenster auf oder zu?
- Stoß-, Quer- oder Kipplüftung?
- Heizthermostat hoch oder runter?
- Radio an oder aus?
- Mittagessen am Tisch ja oder nein?

Und so weiter – ein Büro mit (mehreren) Kollegen zu teilen ist eben ein andauernder Kompromiss, der für alle tragbar sein sollte. Ich hab gern 22 Grad mit regelmäßigem Lüften dazwischen; ob das Radio läuft, ist mir schnurz, aber Mittagessen am Tisch finde ich furchtbar (der Geruch von Wirsing und Blumenkohl hängt zwei Stunden nach dem Verzehr noch derart in der Luft, als wäre das halbe Kollegium auf Hülsenfrüchte-Diät).

Natürlich drücke ich den anderen meine Vorstellungen nicht zwanghaft auf. Ich bin aber auch nicht mehr die, die engelsgleich lächelt und sagt »ach, macht einfach, wie ihr denkt, für mich ist alles okay«. Es ist nämlich nicht alles für mich okay (siehe Wirsing), und bevor ich bei 26 Grad Raumtemperatur die Gründung eines Nudisten-Büros erwäge oder mich bei 18 mit langen Unterhosen an den Schreibtisch setze, sage ich eben meine Meinung. Falsche

Zurückhaltung diesbezüglich interpretieren Kollegen gern als Einladung zur völligen Ignoranz: Wer sein Interesse nicht klar äußert, hat keins, so einfach ist das. Also: Auch wenn Frostbeule Dani beim Öffnen des Fensters jedes Mal demonstrativ mit den Zähnen klappert und wiederholt den alten Kalauer anbringt »es sind schon viele erfroren, aber noch keiner erstunken«, sagen Sie: *Fuck, aber mein Gehirn braucht zumindest ein Minimum an Sauerstoff, um Leistung bringen zu können. Und darum geht's doch hier, oder?*

Experten für Arbeitsschutz empfehlen, regelmäßig für einen Luftaustausch zu sorgen. Dazu sollten alle Fenster im Sommer bis zu zehn Minuten, im Frühling und Herbst rund fünf Minuten und im Winter etwa drei Minuten weit geöffnet werden. Das permanente Kippen hingegen ist zumindest bei gleichzeitig laufender Heizung nicht sinnvoll. In Büroräumen wird zum Lüften alle sechzig Minuten geraten, in Besprechungsräumen sogar alle zwanzig Minuten. Kein Wunder, schließlich wird hier ja auch meist im Übermaß heiße Luft produziert ...

WEIHNACHTSFEIER

Sind Sie ein Feierbiest? Göttergatte ist es auch. Ich bin das Gegenteil davon. Zumindest, was Muss-Feste angeht. Die, bei denen man sich eben sehen lassen *muss*, weil es sonst böses Blut, schlechtes Karma oder demnächst keine Gehaltserhöhung gibt. Oder zumindest denkt man das. Betriebliche Weihnachtsfeiern sind ein schön-scheußliches Beispiel dafür. Warum nur sollte man mit sämtlichen Kollegen einen Freitagabend verbringen wollen? Noch dazu in einer Zeit, während der man sich eh schon ein Bein ausreißen muss, um alle Termine unter einen Hut zu kriegen? Es reicht beim Gros der Leute doch wirklich, wenn man sie schon den ganzen Tag um sich hat ...

Ich nahm mir jedes Jahr meiner festangestellten Schreiberlingszeit vor, dass ich dieses Jahr aber hundertzehnprozentig nicht hingehe. Und dann kam's: »In zwei Wochen ist Weihnachtsfeier.« Hm. »Du gehst doch?!« Mhmh. »Wie, du willst kneifen? Kommt gar nicht infrage! Denk an das viele gute Essen ...« Genau. Zum tausendsten Mal Rinderbraten, Kartoffelgratin und als pfiffiges exotisches Highlight ein Couscous-Salat. Lass stecken. »Aber da können wir endlich mal wieder was zusammen trinken!« Was heißt hier »mal wieder«? Das letzte Mal war, lass mich überlegen – genau, auf der letzten Weihnachtsfeier.

Wenn Sie dann immer noch vehement den Kopf schütteln, wird's fies: »Das wird der Chef aber gar nicht gern sehen, wenn du nicht kommst. Erinnere dich an die Melanie, die hat ...« Ja, am Freitag vor Heiligabend die Kündigung bekommen, das war echt nicht schön. Und tatsächlich hat sie sich vorher nicht auf der Weihnachtsfeier blicken lassen. Trotzdem besteht der kausale Zusammenhang wohl eher darin, dass sie ohnehin nicht viel Zeit an ihrem Schreibtisch verbrachte, weil sie entweder krank war, verschlief, früher gehen musste wegen eines Arzttermins – und wenn man sie tatsächlich mal in ihrem Büro antraf, surfte sie garantiert im Internet oder telefonierte privat.

»Ja, schon, aber ... du kommst trotzdem zur Weihnachtsfeier. Wir brauchen dich.« Unzählige Male ließ ich mich von diesen Pseudo-Nettigkeiten umstimmen. Warum Pseudo? Mal ehrlich: Wenn ich so eine unverzichtbare Perle der Menschheit wäre, würde man mich doch auch außerhalb der Bürozeiten und Weihnachtsfeiern zwingend um sich haben wollen. Dem ist aber nicht so. (Und das ist auch gut so, nicht falsch verstehen!) Nette Kollegen sind was Großartiges, es macht Spaß mit ihnen zu arbeiten, und sie erleichtern den Job total. Freunde sind es deshalb aber noch lange nicht, da gibt's eindeutige Unterschiede (bis auf Micha). Wenn also an dreihundertvierundsechzig Abenden im Jahr

Weihnachtsfeier

meine Gegenwart zur Erhaltung der psychischen und physischen Gesundheit der Kollegen nicht erforderlich ist, braucht mir niemand zu erzählen, dass die Weihnachtsfeier eine Ausnahme darstellt. Und dieser Gedanke gab mir endlich die Standhaftigkeit, die Sache durchzuziehen.

Auf den Antwortbogen, den die Assistentin der Geschäftsführung allen Angestellten zuschickte, notierte ich also ausnahmsweise nicht meine Auswahl zwischen
- Fischmenü
- Rinderbraten
- Vegetarische Kompositionen,

sondern kreuzte die letzte, eher rhetorisch gemeinte Aussage an
- Ich kann leider nicht teilnehmen.

Juchhu! Ich hätte platzen können vor Freude über meine Courage, auch wenn ich, der Ehrlichkeit halber, das »leider« eigentlich hätte durchstreichen müssen. Na ja. Man will ja niemanden vor den Kopf stoßen. Und auch nicht Freitag vor Heiligabend die Kündigung bekommen. Richtig frech war aber, dass man seine Absage auch noch begründen sollte:

- Ich kann leider nicht teilnehmen.
  Grund: _____

Häh? Was sollte ich denn da schreiben – akute Unlust? Haarspitzenkatarrh? Anderweitig verpflichtet, denn ich muss ausgerechnet genau da die Kaffeemaschine entkalken? Ich ließ die Zeile einfach frei.

»Und, isst du dieses Mal wieder den Rinderbraten?«, wollte Lieblingskollege Micha wissen, der mich zufällig an meinem Kuli kauen sah, als ich den Antwort-Wisch ausfüllte. Zögerlich gestand ich, dass ich gar nichts äße, da ich überhaupt nicht zugegen sein würde.

»Du spinnst. Komm schon, das wird lustig, wie jedes Jahr.« Er stieß mich kumpelhaft gegen die Schulter, und ich wurde sauer.

»Fuck! Nein! Ich hab keinen Bock auf den Mist und gehe diesmal nicht, Punkt. Verstanden?«

Irritiert runzelte er die Augenbrauen. »Okay, dann halt nicht. Schade. Du, guck mal eben hier auf diese Layouts, was meinst du zu denen ...«

Damit war das Thema gegessen. Und ich erstaunt. Sollte es so einfach sein? Als mittags in der Kantine das Gesprächsthema ebenfalls auf die Essensauswahl kam – manchmal könnte man meinen, in einer Firma herrsche akute Hungernot, so zentral scheint diese Entscheidung zu sein –, sagte ich es erneut. »Ich geh diesmal nicht hin.«

»Ach, komm schon, das erzählst du jedes Mal, haha. Und dann sehen wir dich doch wieder im Kartoffelgratin schwelgen.«

Feldversuch, jetzt oder nie: »Verdammte Scheiße, ich hab gesagt, Weihnachtsfeier diesmal ohne mich. Capisce, Leute?« Huch, das war womöglich ein wenig lauter als beabsichtigt rausgekommen. Jedenfalls hatten es die anderen sechs Tische auch gehört. »Diesmal ist es ihr wohl ernst«, hörte ich es leise hinter mir flüstern und fühlte schlagartig gleichermaßen Erleichterung und Triumph in mir hochschießen. Ja, es war mir ernst! Und diesmal würde ich wirklich nicht gehen! Fast hätte ich wie nach einem Sieg den Arm hochgereckt. Klare Kante zeigen! So wichtig war das, ich merkte es immer wieder.

Als mir drei Tage später der Geschäftsführer auf dem Flur entgegenkam, mich grüßte und plötzlich meinte, ihm sei zu Ohren gekommen, dass ich meine Teilnahme an der Weihnachtsfeier abgesagt hätte, antwortete ich dementsprechend: »Fuck...tisch richtig, leider klappt es bei mir zeitlich nicht. Ich hatte schon eine andere Einladung für den Abend angenommen. Da wäre es unhöflich, jetzt abzusagen.« Nun. Klare Kante, wie gesagt. Manchmal muss man die halt nur ein bisschen abrunden.

Als sich die anderen schließlich am Tag der Tage spätnachmittags in Schale, Make-up und Parfümwolke schmissen und die dritte Flasche Sekt zum Vorglühen die Runde machte, verschwand ich frohen Mutes nach Hause. Als ich die Eingangstür aufschloss, fragte ich mich kurz, ob Micha jetzt wohl mit Dani Brüderschaft trinken würde. Der Gedanke – ja, ich gebe es zu, er pikste. War es doch ein Fehler gewesen, mich freiwillig auszuschließen? Würden die anderen heute zu einer eingeschworenen Gemeinschaft verschmelzen und ich demnächst ein Außenseiter sein?

»Einen Scheiß werd ich!«, beschloss ich und öffnete die Tür. Vor mir lag ein wunderbarer freier Freitagabend, den ich mit Hund, Katzen und Göttergatte auf dem Sofa verbringen konnte, stimmungsvoll mit dem gestreamten *Tatortreiniger*. Und, mmh ...

»Chicken Vindaloo ist gleich fertig«, schoss der diesmal wirklich wieder beste Ehemann von allen an mir vorbei, »ich hol nur grad noch den Reis aus dem Keller.«

Lieblingsessen, Lieblingsmann, Lieblingsviecher – fuck you, Weihnachtsfeier!

Natürlich kann ich Ihnen nicht garantieren, dass Partner(in), Mutti, Nachwuchs, beste(r) Freund(in) oder sonst wer mit Ihrer Leibspeise zur Belohnung aufwartet, wenn Sie

- die verhasste Weihnachtsfeier canceln
- eine andere Veranstaltung, auf die Sie keinen Bock haben, absagen
- irgendwas durchsetzen, was Sie schon seit Jahren nervt, nämlich _____.

Ich kann Ihnen aber versichern, dass es sich auch dann lohnt, wenn Sie sich Ihr Essen selbst kochen oder sich einfach statt des Rinderbratens Currywurst/Pommes an der nächsten Frittenbude reinschieben. Sie verpassen nämlich reineweg GAR NICHTS. Es wird genauso beschissen, wie es immer war (selbst wenn Daniela Ihnen hinterher erzählt, dass es mit Abstand die beste Party war, auf der sie jemals mit dem Personalchef geschwoft hat, igitt!!!) – und Sie haben dem sozialen Druck einfach den Mittelfinger gezeigt. Genießen Sie es. Und bestellen Sie eine Extraportion Mayo für mich mit, ja?

DIE CHEFSACHE

Es gibt eine Sehnsucht, die fast alle Arbeitnehmer im Geheimen verbindet, viel mehr, als es jede Weihnachtsfeier oder andere Maßnahme zur Teambildung je könnte: dem Chef seine gesamte Grütze vor die Füße zu klatschen und ihm zu sagen »fick dich, ich bin weg«.

Hey, Boss, steck dir deine blöden Aufgaben und dein »bei der nächsten Gehaltsrunde behalte ich sie im Hinterkopf« dahin, wo die Sonne nie scheint!
Was wäre das für eine Befreiung, die Sprengung aller Ketten, der ultimative Arschtritt; endlich mal loswerden, was der Vorgesetzte in Wahrheit für ein überdimensionales Arschloch ist und dabei die Begriffe »Scheunentor« und »hämorrhoidal« verwenden. Mal ehrlich, träumen Sie nicht auch davon? Ich verrat's auch niemandem ...

Christoph, Göttergattes Freund, hat tatsächlich konsequent den ganzen Krempel hingeworfen. Gemeinsam mit seiner Partnerin Ira, die Künstlerin ist, entschieden sie sich für den Ausstieg: Er kündigte vor Jahren seinen festen Job im öffentlichen Dienst, beide kauften ein uraltes, billiges Haus an der hessisch-fränkischen Grenze mit mehr als einem Hektar Land, und dort führen sie ein Selbstversorger-Dasein. Ab und an verkauft Ira ein Bild, aber ansonsten leben sie von dem, was sie selber anpflanzen. Das ist von außen betrachtet richtig schön, und ich bin total gern bei den beiden zu Besuch. Wie bei einer kleinen Zeitreise gehen wir dann zur Vorbereitung des Mittagsessens in den großen Nutzgarten, der dank vier äußerst grüner Daumen auch wirklich nutzbar ist, und sammeln Paprika, Zucchini und Tomaten plus jeder Menge Kräuter ein. Das Ganze wird dann in der Eisenpfanne auf dem Holzofen gegart, denn Bäume liefert das hauseigene Grundstück, während Strom eingekauft werden muss und deshalb natürlich gespart wird. Wenn man das köstliche Ratatouille oder den Pfefferminztee dann irgendwann wieder loswerden will, geht's zum Holzhüttchen mit ausgeschnitztem Herz, also aufs Plumpsklo im malerisch gepflasterten Innenhof. Was im Sommer absolutes Vintage-Flair hat, verliert an einem Winterabend bei Minusgraden allerdings sprunghaft an Charme. Überhaupt, die frostige Jahreszeit so ganz ohne Zentralheizung – da fühlt sich manches warme Büro deutlich heimeliger an.

Aussteigen und Selbstversorgen stellt für mich bedauerlicherweise schon allein aus mangelndem gärtnerischen Talent keine Option dar. Auch ein reichhaltiges Erbe ist weit und breit nicht in Sicht; ergo muss ich mich mit nervenden Chefs bzw. alternativ nicht weniger nervenden Auftraggebern arrangieren. Letzteres hört sich vielleicht besser an, doch Auftraggeber sind Kunden, die wiederum König – und sagen Sie mal einem König, dass er nicht mehr alle Zacken an der Krone hat. Kommt nicht gut an.

Was aber tun, wenn der Vorgesetzte einen auf die Palme bringt wie Mutti zu ihren besten Zeiten? Wenn er Sie übersieht, hängenlässt oder so stresst, dass einem selbst ein winterliches Außen-Plumpsklo im Vergleich zur Arbeitsstelle als angenehmer Aufenthaltsort erscheint? Ganz einfach, dann sagen Sie Ihre Meinung. Allerdings vorbereitet.

Das heißt nicht, dass Sie Ihre Wut grundsätzlich herunterschlucken sollen. Vielmehr geht's darum, das kochende Blut per »Anger Control« wieder auf normale Körpertemperatur zu bringen, statt ins Chefbüro zu stürmen und dort direkt loszuschimpfen. Hilfreich hierfür ist zum Beispiel die 4-6-8-Methode: Stellen Sie sich dazu oder setzen Sie sich aufrecht hin. Durch die Nase atmen Sie tief ein und zählen dabei langsam innerlich bis 4. Dann die Luft anhalten und ebenso stumm bis 6 zählen. Anschließend durch den Mund ausatmen, im Kopf bis 8 zählen. Das gesamte Prozedere mindestens fünf Mal wiederholen. So atmen Sie den akutesten Ärger weg; was Sie jetzt sagen, ist keiner Kurzschlussreaktion mehr geschuldet. Besser so. Als Faustregel gilt nämlich: Solange ich vor Zorn nach Luft ringe, sollte ich lieber den Mund halten. Jedenfalls dann, wenn man vorhat, noch etwas länger im Betrieb zu verweilen. Anmosern funktioniert auch auf professionellem Business-Niveau, es heißt dann nur etwas anders: *Feedback geben.*

Vielleicht kennen Sie typische Feedback-Gespräche so, dass der Chef Ihnen sagt, was Sie in letzter Zeit alles verbockt haben und was er in Zukunft von Ihnen erwartet. Genau diesen Spieß drehen Sie jetzt um!

Nutzen Sie dafür die WWW-Feedback-Regel: Sie setzt sich zusammen aus:

- Wahrnehmung
- Wirkung
- Wunsch.

Nehmen wir an, Sie ärgern sich darüber, dass Sie ständig die Arbeit fehlender Kollegen aufgehalst bekommen, während Ihre eigene dabei auf der Strecke bleibt und nur noch in (unbezahlten) Überstunden bewältigt werden kann. *Cut the Rope* fällt völlig flach, und aus lauter Zeitmangel sind Sie tatsächlich schon soweit, den

Blumenkohl-Auflauf aus der Mikrowelle am Schreibtisch zu futtern. (Pfui!) Natürlich könnten Sie, wenn Sie nichtsahnend aus der Firmenküche zurückkommen und der nächste neue Aufgaben-Stapel genau da auf Ihrem Schreibtisch liegt, wo eigentlich Ihr Teller jetzt Platz finden sollte, wutschnaubend zum Chef rennen. Und ihm dann mal ganz deutlich sagen, dass er sich einen anderen Dummen zur Erledigung der ganzen riesigen Scheiße suchen soll.

Diese Reaktion wäre verständlich – aber äußerst ungeschickt. Denn so manövrieren Sie sich selbst in eine Position, in der Sie signalisieren:
- ich bin überfordert.
- ich habe mich bisher ausnutzen lassen.
- meine Arbeit macht mir keinen Spaß.

Zudem vermittelt diese Aussage dem Chef, dass er:
- ungerecht in der Verteilung der Aufgaben ist.
- nicht beurteilen kann, wie belastet Sie sind.
- auf Sie nicht zählen kann, wenn's eng wird.

Somit sprechen Sie sich selbst und Ihrem Vorgesetzten wichtige Kompetenzen ab. Wie soll er darauf reagieren? Mit ziemlicher Sicherheit wird dieses Luftmachen nicht zu dem führen, was Sie, außer der reinen Wut-Äußerung, eigentlich erreichen möchten: Platz auf dem Schreibtisch für Blumenkohl-Auflauf bzw. bestenfalls so viel Arbeitserleichterung, dass Sie den in einer richtigen Mittagspause auch woanders verzehren können (schon um der lieben Kollegen willen, die Blumenkohl-»Duft« nicht leiden mögen).

Es sorgt vielmehr dafür, dass sich der Boss persönlich angegriffen fühlt, zurückkeilen wird und das Vertrauen in Sie als Mitarbeiter(in) verliert. Genau das umgehen Sie mit der WWW-Methode.

Wahrnehmung: Bitten Sie den Chef um ein Vier-Augen-Gespräch (Kritik am Vorgesetzten NIE vor anderen anbringen!), und erklären Sie ihm während der Unterredung, welche Beobachtungen Sie gemacht haben. Hinterfragen Sie gleichzeitig, ob diese zutreffend sind. Wichtig: Werten Sie dabei nicht, verkneifen Sie sich Vorwürfe; bleiben Sie rein sachlich. »Mir ist aufgefallen, dass bisher zwei der frei gewordenen Stellen nicht neu besetzt wurden. Ist das richtig?«

Wirkung: Beschreiben Sie nun, was das für Folgen hat. »Durch die Umverteilung der Aufgaben kann ich mich nicht mehr voll auf meine eigentlichen Pflichten konzentrieren.« Zeigen Sie parallel, dass Sie Verständnis für die Situation aufbringen: »Ich freue mich natürlich, dass Sie mir einen größeren Verantwortungsbereich übergeben, möchte jedoch unbedingt vermeiden, dass es dadurch an anderer Stelle zu Defiziten kommt.« Erkundigen Sie sich auch an dieser Stelle, ob Ihr Gegenüber die Auswirkungen verstanden hat. »Ist das für Sie nachvollziehbar?«

Wunsch: Jetzt wird es Zeit, Ihre konkreten Vorstellungen zur Verbesserung zu äußern. Lassen Sie dabei nicht außer Acht, dass diese Verbesserung nicht nur Ihnen, sondern auch dem Chef zugute kommen sollte. Denn das erhöht seine Motivation, Ihnen zu helfen bzw. den »Wunsch« zu erfüllen. »Ich halte die Einstellung einer Hilfskraft für sinnvoll. Diese kann mir dann die zeitraubenden Aufgaben X und Y abnehmen, wodurch ich all meine Energie auf Z konzentrieren kann. Z wiederum verdient volle Aufmerksamkeit, da es der Firma den Nutzen ABC erweist.«

So sieht er aus, der Königsweg des Feedbacks. Manchmal muss man ihn mehrmals gehen, und trotzdem scheint der Chef bequem auf tauben Ohren zu sitzen. Tut sich nichts, fragen Sie

nach warum. Wer fragt, der führt. Statt abzuwarten und Tee oder Kaffee zu trinken, erkundigen Sie sich, warum bisher noch keine Hilfskraft engagiert wurde:
Woran liegt/hapert es?
Was könnte ich dazu beitragen, dass es noch klappt?

Chefs Arbeitsalltag sieht ganz anders aus als Ihrer. Schließlich biegt sich sein Schreibtisch nur sehr selten offensichtlich vor Arbeit, und zu Mittag gibt's keinen Blumenkohl-Auflauf, sondern Ossobuco alla Milanese beim Italiener, Geschäftsessen. Da kann Ihr Anliegen schon mal leicht in Vergessenheit geraten. Nur permanente Penetration durch regelmäßiges Nachhaken verhindert, dass Sie in seiner mentalen Ablage P landen. Sie erinnern sich, wie bei den Verwandten. So wie Tante Anne irgendwann den Spaß am Wahlkampf verliert, wenn man beharrlich bleibt, verliert der Chef irgendwann den Glauben daran, dass er Ihre Bedürfnisse nur auszusitzen braucht.

Nicht jeder Mensch hat allerdings einen Geduldsfaden, der zum Drahtseil taugt. So mancher ist deshalb trotz aller Kommunikationstechniken ins Büro des Vorgesetzten reinmarschiert, um ihn ganz ohne 4-6-8-Methode folgendermaßen zu heißen:

- Idiot(in)
- Psychopath(in)
- Wichser
- altes Arschloch (unisex)
- blöde Kuh (Rindvieh, je nach Augenschein auch: Ochse).

Die gute Nachricht: In all diesen bei Gericht dokumentierten Fällen reichte die Beleidigung für eine Kündigung nicht aus. Denn verhaltensbedingte Abschiedsbriefe setzen einen guten Grund voraus – und fast immer vorab eine Abmahnung. Bei der ersten Ausfälligkeit entscheiden Richter daher überwiegend zugunsten des Schimpfenden; wer aber früher schon mal die Sau rausgelassen hat, kann im Wiederholungsfall keine Kulanz mehr erwarten. Sparen Sie sich das »Arschloch« deshalb am besten für eine wirklich gute Gelegenheit auf. Und bis Sie es benutzen, stellen Sie einfach vor, wie sich die Sitzungen auf dem Plumpsklo im Winter anfühlen.

FUCKTEN-CHECK KAPITEL 5

Im Job ist es wie fast überall: Wenn man nicht ab und an Fuck sagt, wird man einfach übersehen. Sowohl von den Kollegen als auch von Vorgesetzten. Unter Ersteren gilt – laut diverser psychologischer Untersuchungen – Fluchen als uneingeschränkt sinnvoll, um sich Gehör zu verschaffen und die eigenen Interessen zu untermauern.

Es zeichnet Sie charakterlich sogar aus: Wer Kraftworte nutzt, ist nämlich ehrlicher als solche Menschen, die sich jede Ausfälligkeit verkneifen, wie aktuell gerade Wissenschaftler der renommierten Universitäten Maastricht, Cambridge, Hongkong und Stanford gemeinsam in einer Studie herausfanden. Den Zusammenhang führen die Forscher darauf zurück, dass das Äußern von Schimpfworten Selbstbewusstsein erfordert. Fluchenden sei es aufgrund ihres Selbstvertrauens weniger wichtig, sich durch Schwindeleien möglichst gut darzustellen – und dadurch wirken sie authentischer. Überlegen Sie doch mal, welche Situationen, Dinge und Eigenschaften von Kollegen Sie besonders nerven:

- Wenn Miriam idiotische Themenvorschläge macht.
- Wenn ein Papierstau im Drucker stundenlang nicht beseitigt wird.

- Wenn Simon ständig nach Knoblauch stinkt/Fenster nicht öffnet/Heizung ausstellt.
- Wenn Micha einen Dienstwagen bekommt, obwohl der eigentlich Ihnen zusteht.
- _____
- _____
- _____
- _____
- _____

Na, da sind doch ein paar Punkte zusammengekommen, oder? Und statt wie bisher mit diesen *Fucks* umzugehen, indem wir sie klein reden und zu ignorieren versuchen, benennen wir sie ab jetzt klipp und klar. Und zwar dort, wo die Kritik hingehört, nämlich bei den entsprechenden Kollegen, gegebenenfalls im gesamten Team. Hierfür sind deutliche Formulierungen wie
verdammt noch mal
jetzt reicht's
Schluss mit lustig
Scheiße, hör mir zu
und dergleichen unbedingt erwünscht. Persönliche Beleidigungen hingegen (etwa das »egoistische Arschloch«, das ich Simon an den Kopf geworfen habe) gehören in eine Vier-Augen-Unterhaltung und sollten auch nur dann angewendet werden, wenn das allgemeine Ansprechen nicht wirkt.

Ob und wie Sie in der Gesellschaft von Vorgesetzten fluchen, ist (leider) ein wenig abhängig von Ihrem Geschlecht: Während Sie als Mann diesbezüglich ruhig ordentlich Gas geben können – damit suggerieren Sie dem Chef (m/w) Durchsetzungskraft und Kompetenz –, sollten die Damen lieber methodisch als impulsiv fluchen. Spontane Schimpftiraden vor der Führungsetage gilt es eher zu verhindern; haben Sie dagegen einen konkreten Grund zum Zorn, erwähnen Sie diesen gleichzeitig mit dem Fluch.

Und wenn der Boss selbst Ihre Wut auslöst? Auch dann dürfen und sollten Sie sich Luft machen, jedoch überlegt. Geht's nur darum, den Frust abzulassen, weil eine Verbesserung der Situation ohnehin unmöglich ist, kann eine Runde Joggen der befreiendere Weg sein. Wer den Chef kritisiert, sollte den klaren Willen zur Veränderung mitbringen und dazu möglichst realistische Vorschläge im Gepäck haben. Am erfolgversprechendsten sind Beschwerden über lästige und/oder ärgerliche Umstände, deren Beseitigung sowohl Ihnen als auch dem Chef Vorteile bringt. Folgende drei Sätze sollten Sie sich aber unbedingt verkneifen:

- Das gehört nicht zu meinem Aufgabenbereich.
  Kann ja sein, aber was sagt das dem Chef? Dass Sie die Arbeit verweigern? Dass Sie nicht wollen/nicht können/unflexibel sind? Dass er außer Dienst nach Vorschrift von Ihnen nichts erwarten kann?

- Ich habe wirklich getan, was ich konnte.
  … aber es hat nicht gereicht. Das ist das, was der Chef hört: Sie sind verantwortlich für den Misserfolg, denn das, was Sie konnten, ist leider nicht das, was die Firma braucht.

- Wir haben ein Problem.
  Och nö. Erstens hat Ihr Chef ja gar keines, sondern Sie. Und zweitens wissen Sie doch, dass Probleme bei Vorgesetzten gar nicht gut ankommen. Cleverer: »Ich habe mir folgende Maßnahmen überlegt, die uns signifikante Verbesserungen bringen können.« Und schon sind Löser statt Loser.

KAPITEL 6

F... NA JA, SIE WISSEN SCHON – PARTNERSCHAFT

DER FLUCH (IN) DER BEZIEHUNG

Es ist schon ein bisschen komisch, aber während uns Kraftausdrücke gegenüber anderen oft ein wenig schwerer über die Lippen gehen, klappt das in den meisten Partnerschaften, zumindest quantitativ gesehen, einwandfrei. Also in meiner jedenfalls – und ich weiß auch ziemlich genau, dass meine Nachbarin Melly ihren Mann, den ich als Mirko kenne, nicht selten einen »ignoranten Stinkstiefel« nennt, Lieblingskollege Micha seine Frau im Baustress durchaus öfter als »dusselige Kuh« bezeichnet und Diana ihrem letzten Lover seine Klamotten aus dem Fenster hinterherwarf, kombiniert mit einem liebevollen »Lass dich hier bloß nie wieder blicken, du egozentrisches Chauvinisten-Arschloch!«. Das Problem ist also nicht, dass wir in der Partnerschaft gänzlich aufs Schimpfen verzichten würden, sondern vielmehr die Art und Weise – und der Moment. Denn meistens fangen wir viel zu spät damit an, nämlich dann, wenn das Kind bzw. der Partner schon in den Brunnen gefallen ist.

Das liegt ein bisschen in der Natur der Sache begründet, denn anfangs, so richtig frisch verliebt, wirft man sich einfach keine Beleidigung an den Kopf. Im Gegenteil, wir versuchen schließlich, beim anderen den bestmöglichen Eindruck zu hinterlassen, springen gleich nach dem Erwachen auf zum Zähneputzen und verkneifen uns alles, was irgendwie unattraktiv wirken könnte. Und die rosarote Brille sorgt zusätzlich dafür, dass eigentlich kaum Grund zum Fluchen gegeben ist: Alles, was wir bei anderen, in die wir nicht verknallt sind, völlig zum Brechen finden, ist bei *ihm* auf einmal liebenswert …

Finden Sie es nicht total süß, wie er immer vor dem Kühlschrank steht und nie das findet, was er sucht? Da müssen Sie als rettender Engel kommen und ihn vor dem Hungertod oder dem Verdursten bewahren, indem Sie mit einem Griff die bestens sichtbare Packung herausangeln. Zeugt es nicht irgendwie von männlicher Konsequenz, wenn er morgens nie die Zahnpastatube zudreht? Und wenn ihn Sorgen plagen, die er aber einfach nicht rauslässt, als hätte er ein Schweigegelübde abgelegt? Macht doch nichts, Sie werden mit Ihrem untrüglichen weiblichen Gespür und viel Geduld schon herauskitzeln, was ihm auf der Seele lastet. Sie tun es doch gern.

Genau da liegt der Fehler: Das »Gerntun« hält nicht dauerhaft an. Und sobald die Brille weg ist (ja, sie verschwindet immer irgendwann, das lässt sich nicht vermeiden), versprüht das Verteilen oller Unterhosen im Zimmer keinen hilflos-süßen Welpen-Charme mehr, sondern Sie finden es schlicht hundsbeknackt. Auch dass er immer und überall zu spät kommt, schnarcht wie ein Bär und *nie* die Spülmaschine ausräumt, verliert plötzlich massiv an Anziehungskraft. Und dann kommt es, wie aus dem nichts, und erwischt den Partner völlig unvorbereitet:

Verdammter Mist, kannst du nicht ein einziges Mal deinen Scheiß wegräumen? NIE drehst du die Zahnpastatube zu, NIE steckst du deine

Dreckwäsche in den Korb, du ignoranter Arsch, ich bin nicht deine Putzfrau!
Es gibt wohl kaum einen Haushalt, indem diese oder sehr ähnliche Sätze noch nicht gefallen sind.

Und wie sieht das umgekehrt bei den Macken der Frauen aus? Hallo?! Frauen haben keine Macken! Na ja. Fast. Nicht repräsentative Umfragen in meinem Umfeld ergaben, dass es da womöglich doch zwei, drei beschissene Eigenheiten geben könnte. Das doppelt Fiese daran: Frauen zeigen diese Züge oftmals nicht von Anfang an. Während Männer überwiegend den direkten Weg wählen und schon relativ zeitnah ihre Stinkesocken auf dem Küchenstuhl deponieren, die Nähe des Geschirrspülers meiden wie Atréju in der *Unendlichen Geschichte* das *Nichts*, und schon beim ersten Date den Zahnpastadeckel nicht wieder aufschrauben, zeigen Frauen ihre dunkle Seite meist erst später. Das hängt mit dem oben genannten Phänomen »bestmöglichen Eindruck hinterlassen« zusammen, aber auch damit, dass sich bestimmte Dinge eben erst beim Zusammenleben ergeben. Stundenlange Telefonate mit der besten Freundin (die zudem nur drei Straßen weiter wohnt und nachher ohnehin auf einen Kaffee vorbeikommt), die beispielsweise Micha nerven, kriegt MANN erst mit, wenn's einen gemeinsamen Telefonanschluss gibt. Vorher dachte er beim dauernden Besetztzeichen nämlich immer, dass mal wieder eine Störung im Netz vorliegt. Nach jahrelangen deftigen Diskussionen hat er das Fluchen darüber aber aufgegeben und telefoniert jetzt regelmäßig übers Handy. Flatrates tragen heute einen nicht unerheblichen Teil zur Erhaltung des Beziehungs- und Familienfriedens bei.

Meine Freundin Bine ist auch so eine Mogelpackung: Eine gestandene Frau mit Köpfchen, einem verantwortungsvollen Job, Horizont – aber sobald ein gemeinsamer Mietvertrag unterschrieben ist, mutiert sie zum Weibchen und hat die drei K's in Leuchtbuchstaben auf der Stirn stehen.

- Kissen
- Kerzen
- Katzen

Ernsthaft, sie bildet dann einen Nesttrieb aus, der einem hochschwangeren Siebenschläfer-Weibchen zur Ehre reichen würde. Nur dass deren Nachwuchs nackt, blind und taub geboren wird und zum Überleben zwingend auf die Mama angewiesen ist. Bines Partner waren – überwiegend jedenfalls – diesem Entwicklungsstadium entwachsen, wobei einer ein Hörgerät hatte und auf FKK stand. Aber selbst dem wurde die Luft irgendwann zu dünn; kein Wunder, die zweiundsiebzig Kerzen, die Bine in der Wohnung aufgestellt hatte, verbrauchten ganz schön viel Sauerstoff. Auf dem Sofa fand er schon länger keinen Platz mehr, weil die Fläche, die nicht mit Kissen besetzt war, von Bines drei Perserkatzen belegt wurde. Nicht wirklich überraschend, dass er nach kurzer Zeit zum Nestflüchter wurde.

Göttergatte liebt unsere Katzen, und unser Sofa ist groß genug für alle Vier- und Zweibeiner. Dafür flucht er außer über meine »Klugscheißerei« (bei dieser Wortwahl korrigiere ich ihn regelmäßig und sage »Besserwisserei, mein Schatz«, anschließend gehe ich in Deckung) auch über meine Art von Ordnung. Die ist, ich gebe es zu, ein wenig speziell.

Wenn ich sage »ich hab aufgeräumt«, sieht es bei uns auf den ersten Blick super aus. Nichts liegt unnötig herum, lediglich ein paar Deko-Artikel sind hier und da geschmackvoll in Szene gesetzt. Ich muss allerdings höllisch aufpassen, dass kein Gast ungeplant ans Küchenbüfett geht oder der krabbelnde Noel fröhlich sein Hobby Schränkeöffnen auslebt. Denn dann wird er leider von dem herauspurzelnden Chaos erschlagen, das ich vorher einfach wild dort hineingestopft hab. Mit »außen hui, innen pfui« lässt sich das Ordnungsprinzip also recht treffend beschreiben. Göttergatte ist glücklicherweise kein Pedant, sonst wären wir auch entweder längst vor dem Scheidungsrichter gelandet oder uns gegenseitig an die Gurgel gegangen. ~~Oder ich hätte ihn nach meinem Aufräumen etwas aus dem Wandschrank holen lassen und die Risikolebensversicherung kassiert.~~

Seine Auffassung von Ordnung nervt mich umgekehrt aber nicht weniger. Wenn er nämlich sagt »ich hab aufgeräumt«, sieht es in unseren Räumlichkeiten genauso wurstig aus wie immer. Die Zeitung liegt rum, benutzte Kaffeetassen und Teller (noch vom Frühstück) stehen auf dem Tisch, die Dunstabzugshaube klebt und der Mülleimer quillt über. Die Besteckschublade ist aber blitzeblank ausgewischt, und Gabeln, Messer & Co. liegen in schönster Löffelchenposition nebeneinander. Gah.

Dann sitzt man plötzlich da, zieht zwischen verkrümelter Arbeitsplatte, Müffelsocken und poltergeistlich geordneten Schrankinhalten Bilanz – und aus dem Traumprinz von eben ist ein egoistischer Arsch geworden, ein ignoranter Stinkstiefel, ein egomaner Wichser. Und dafür muss er oft nicht mal so richtig viel anders machen als früher – wir haben einfach nur die Brille abgesetzt, weil rosarot inzwischen abgelöst ist.

Und die Prinzessin, die doch gerade noch im genau richtigen Maße sexy wie anschmiegsam schien, entwickelt sich plötzlich zur nörgelnden Gouvernante, spießigen Putzteufelin und permanent sabbelnden Quatschtante. Die ihm noch dazu auf einmal kein Bier mehr aus dem Kühlschrank holen will und sich aufregt, weil er die weiße Badematte mit den Dreckschuhen einsaut. Im gleichen Maß, wie die nervenden Predigten und Kissen zunehmen, nehmen die Tage, an denen sie Strapse und Strings trägt, ab. Dabei hat sie doch gesagt, dass sie sie gern anzieht!

Männer, ein Augenblick der Wahrheit: Nein, tun wir nicht. Egal wie überzeugend wir es behaupten. Halterlose Strümpfe sind ein Accessoire, zu dem wir im gleichen Augenblick »fickt euch, haut ab« sagen, in dem wir die rosa Brille abgesetzt haben. Frau kann nur beides zusammentragen, als Twinset, sozusagen. Aber tröstet euch, sie hat's ja immerhin nur zu den Nylons gesagt, nicht zu euch.

Dabei könnten wir den Schockmoment der Ohne-Brille-Bilanz ganz einfach abmildern, indem wir vorher nicht derart idealisieren, was nicht idealisierenswert ist. Zugegeben, bei der ersten großen Liebe ist das Absetzen des poppigen Nasenfahrrads zwischendurch schwierig. Aber wer schon ein-, zweimal die Erfahrung gemacht hat, dass da zwischen dem rosarot weichgezeichneten Partner und dem realen doch ein nicht wegzudiskutierender Unterschied liegen könnte, der sollte es mit der Brille halten wie mit Kontaktlinsen. Die kann man nämlich auch nicht am Stück tragen, da muss man regelmäßige Pausen einlegen. Und in den Pausen sehen Sie dann eindeutig, dass Stinkesocken außer im Wäschekorb nirgendwo etwas verloren haben – und sagen ihm das rechtzeitig. Noch bevor Ihr Liebster denkt, es gäbe eine Art für ihn unsichtbare Dreckwäsche-Einsammel-Maschine, die auf magische Weise dafür sorgt, dass ein anrüchiges, über der Stuhllehne liegendes Paar drei Tage später gewaschen und gefaltet in seinem Kleiderschrank liegt. Wenn Sie sich selbst zur Dreckwäsche-Einsammel-Maschine machen, sind Sie es nämlich – sorry – selbst schuld.

Was aber, wenn die Rosa-Brille-Zeit schon lange vorüber ist und sich Prinz und Prinzessin längst entzaubert haben? Wenn die Anrede »du Arsch« öfter fällt als »na, Liebling«? In Beziehungen werden wir alle schnell zum Vergaloppierer, regen uns über Kleinigkeiten auf und profitieren dann folgerichtig nicht mehr vom Fluch. Das ist dann ein bisschen wie bei einer Sucht, der Konsum an Kraftausdrücken steigt und der Stoff wird härter. Ich kam irgendwann zu dem Schluss, dass ich mit einem Arschloch, Idioten, Kotzbrocken, _____, _____, _____ keine Beziehung führen will. Sie auch nicht, oder? Dafür ist mir die Lebenszeit und Energie, die man in solch eine Verbindung investiert, zu schade. Wenn ich, wie man das von Zeit zu Zeit ja so macht, also mal wieder ein Fazit zum Ist- und Soll-Zustand ziehe, dann betrachte ich auch das Fluch-Volumen. Wie oft motze, mosere, (be-)schimpfe ich (über) meinen Partner? Und dann die Gretchenfrage: Zu Recht? Ist er wirklich ein derartiges Mängelexemplar, als das ich ihn hinstelle? Oder übertreibe ich mit meinen Verwünschungen und schieße übers Ziel hinaus? Zwei Möglichkeiten.

Komme ich zu Ergebnis 1, ist die klare Konsequenz daraus, meine Lebenszeit und Energie künftig für mich zu behalten oder jemand anderen für die Investition zu suchen. Bei Timo etwa kam diese Erkenntnis ganz spontan während einer gemeinsamen Autofahrt, als ich am Stück bei jedem Wort von ihm dachte »was für ein Idiot«. Folgerichtig habe ich, während er über irgendetwas Stumpfsinniges schwadronierte, einfach gesagt »ich trenne mich von dir«. Kleiner Tipp: Kommen Sie zu einem ähnlichen Resultat, tun Sie's nicht, wenn *er* am Steuer sitzt. Zumindest nicht in *ihrem* Auto. Die Beule war teuer.

Bei Göttergatte fällt die Entscheidung nun schon seit einigen Jahren auf Nr. 2 – und wenn man feststellt, dass man den anderen, Macken hin, nervige Eigenschaften her, trotzdem liebt, dann sollte man sich mit drastischen Schimpfworten tatsächlich zurückhalten. Denn dann ist derjenige aller Wahrscheinlichkeit kein Arschloch, sondern hat vielleicht die ein oder andere arschlöchrige Angewohnheit. Und das sind zwei völlig unterschiedliche Paar Schuhe. Göttergattes ständiges Drücken vor dem Leeren des Tresterbehälters vom Kaffeeautomaten etwa finde ich richtig arschlöchrig, ebenso dass er den Klodeckel grundsätzlich offen stehen lässt (laut einer überholten Feng Shui-Lehre gehen dadurch die ganzen guten Energien verloren; wie gesagt, gilt als überholt – aber sicher ist sicher …). Bemühe ich mich um objektive Betrachtung, macht ihn das jedoch noch nicht zum Charakterschwein. Sauer bin ich darüber allerdings trotzdem und die buddhistische Gelassenheit, darüber hinwegzugehen, fehlt mir gänzlich. Dann werfe ich ihm gern ein »du Butternuss« an den Kopf. Dabei handelt es sich um einen Moschuskürbis, der gern für Suppen verwendet wird. Ich kann Kürbis nicht ausstehen, und genau das gibt mein »Schimpfwort« wieder, ohne dabei aber eine richtig fiese Beleidigung zu sein, die sich schmerzhaft im Beziehungsgedächtnis eingräbt und nicht vergessen werden kann. Das reicht mir, um meinem Unmut Luft zu machen. Christoph, der Aussteiger, hat eine deutlich romantischere Ader als ich: Er bezeichnet seine Liebste Ira regelmäßig als »mein Seestern« – aber natürlich nicht, wenn er wütend auf sie ist. Dann nennt er sie stattdessen »Seegurke«; mitunter findet diese Verwandlung sogar in rasender Geschwindigkeit statt.

KREATIVE GESCHENKE? GESCHENKT!

Einer meiner Ex-Freunde hatte ein, zumindest meiner Erfahrung nach, unter Männern seltenes Talent: Er konnte großartige Geschenke machen und sich tolle Überraschungen ausdenken. Nicht falsch verstehen, es geht hier nicht um den materiellen Wert, sondern um die »Gedanken«, die er sich im Vorfeld machte. Frauen lieben Männer, die sich Gedanken um sie machen. Es müssen allerdings die richtigen sein, und die Meinungen darüber gehen schon mal auseinander. Jener verflossene Lebensabschnittsgefährte beglückte mich beispielsweise mal mit einem übers Wochenende geliehenen Mini Cooper (und zwar das alte englische Modell, bevor BMW seine hässlichen Finger im Spiel hatte), weil das mein damaliges Traumauto war, das ich in diversen verkleinerten Ausführungen besaß. Ein anderes Mal entführte er mich am Geburtstagsmorgen, als ich eigentlich mit einem ganz normalen Arbeitstag rechnete, für einige Tage an die Nordsee. Dafür hatte er sogar im Vorfeld in meinem Verlag Urlaub für mich eingereicht. Toll, oder?

Leider passten wir trotz seiner unglaublichen Geschenke-Kreativität nicht dauerhaft zusammen und gingen irgendwann getrennte Wege. Doch er hatte Spuren in meinem Leben hinterlassen, denn ab diesem Zeitpunkt maß ich *Gedankenmachen* an der von ihm gesetzten Marke. Und, ohne Ihnen die Spannung nehmen zu wollen: Bis heute kam keiner der darauffolgenden Göttergatten (in spe) auch nur ansatzweise an ihn heran. Timo – der mit der grässlichen Mama – schaffte es sogar mal, meinen Geburtstag völlig zu vergessen. Einer der Gründe für die kurz darauf folgende Beule an meinem Auto.

Auch Gerrit, der ehemalige Freund meiner Bildredaktionskollegin Anette, musste vor einigen Jahren seinen Beziehungshut nehmen: Er hatte ihr im Vorfeld vollmundig ein großartiges, lebensveränderndes Weihnachtsgeschenk angekündigt, und sie war sich sicher, dass es ein Ring/Antrag werden würde. Doch – Überraschung! – als sie am 24. Dezember mit zittrigen Fingern und nervösem Lächeln das kleine Kistchen auspackte, verbarg sich darin ein, tataaa, USB-STICK! Merry christmas! Fairerweise muss man dazusagen, dass diese damals noch nicht so gängig waren und sich Anettes Freund durchaus Gedanken gemacht hatte. Doch noch während er erklärte, wie dieses Teil künftig ihre Arbeit als Fotografin erleichtern und wie sehr sie es lieben würde, erkannte Anette, wie sehr Gerrits Abwesenheit sie künftig erleichtern und wie wenig sie ihn eigentlich lieben würde. Es dauerte noch ein paar Wochen bis zum endgültigen Cut, doch der USB-Riss war nicht mehr zu kitten.

Natürlich ist das Ganze auch umgekehrt nicht so einfach. Mein Nachbar Hubi zum Beispiel, der Mann von Hanni, wünschte sich letztes Jahr zum Geburtstag eine Bauhaus-Lampe. Also nicht aus dem Baumarkt, sondern so einen Design-Klassiker für den Schreibtisch, nachdem er schon Jahre gesucht und ihn im Antiquitätenladen hier vor Ort entdeckt hatte, so ein Glück! Er instruierte Hanni klar und beschrieb ihr deutlich, welche Lampe sie wo finden sollte. Als er dann mit leuchtenden Augen die Verpackung des Geschenks herunterzog, verbarg sich darin jedoch kein Leuchtmittel in klarer Formensprache, sondern ein verschnörkeltes Jugendstil-Nachttischlämpchen. »Aber …«, begann er zögerlich, doch Hanni unterbrach ihn sofort: »Ich weiß, du hast dir eine andere gewünscht, aber dann hab ich die hier gesehen, und die ist doch viel hübscher!« Nachdem tagelang der Nachbarhaussegen schiefgehangen hatte, wollte Hanni die Lampe schließlich umtauschen – doch leider hatte das begehrte Bauhaus-Modell in der Zwischenzeit bereits einen anderen Liebhaber gefunden.

Hier erkennt man schon recht schön das Muster, das häufig zu Geschenk-Verwicklungen führt: Männer benennen meist recht konkret, was sie sich wünschen. Frauen hingegen sagen »überrasch mich« und hoffen auf Phantasie und Kreativität. *Gedankenmachen* eben. In manchen Beziehungen, die ich übrigens glühend beneide, klappt das wunderbar. Bei Göttergatte und mir – eher nicht so. Er freut sich etwa am meisten über Technik, genauer gesagt, Unterhaltungselektronik. Ich habe es schon mit so vielen Alternativen probiert; letzten Endes ging fast jedes umtauschbare Teil zurück, und dafür kam ein irgendein neues *electronic device* in die Bude. Qigong macht er vermutlich nur deshalb, weil er den ersten Kurs, den ich ihm damals schenkte, nicht gegen einen e-Reader eintauschen konnte.

Es reichte jedoch nicht, mich schweren Herzens damit abzufinden, dass seine Lieblingsgeschenke zwangsläufig einen Stecker haben, ich musste zudem lernen, dass er seine Lieblingsgeschenke am liebsten auch selbst aussucht. Legte ich diesbezüglich Eigeninitiative an den Tag, etwa in Sachen Marke oder Modell, trug ich diese garantiert später zu Grabe, sprich zum Umtausch in den Laden oder online Gekauftes zurück zur Post. Während Göttergatte mir zu seinen genauen Typ-Beschreibungen (»wenn du's nicht findest, schenk mir einfach einen Gutschein«) stets sagte »freu dich doch, so hast du keine Arbeit damit«, wollte ich mir aber unbedingt welche machen, und fühlte mich der Möglichkeit, meine Liebe für ihn in Geschenken ausdrücken zu können, beraubt. Er wiederum drückt seine Gefühle für mich aus, indem er mich fragt: »Was wünschst du dir?« Während dies in meiner Sprachwelt so viel bedeutet wie:

»Alte, schreib mir 'nen Einkaufszettel, ich hab keine Lust, mir Mühe zu geben, schließlich sind wir schon ewig verheiratet und du kannst froh sein, dass du kein Bügeleisen kriegst!«

heißt es aus seiner Sicht:

»Mausezahn, ich möchte dir eine Freude machen, und niemand weiß besser als du, worüber du dich am meisten freust, also murkse ich nicht rum und hole etwas, das dir nicht gefällt, sondern ich orientiere mich gleich an deinen Wünschen.«

Ich kenne Paare, die lösen diese Probleme, indem sie sich einfach nichts schenken. Wenn beide damit glücklich(er sind als mit den jeweiligen Präsenten und dem Stress hinterher) sind, prima. Für mich kommt das aber nicht infrage, ich möchte Göttergatte an seinem Ehrentag eine Freude machen, und ich selbst WILL AN MEINEM GEBURTSTAG VERDAMMT NOCH MAL EIN GESCHENK.

Über Jahre habe ich dazu gesagt, mir ist egal was, Hauptsache mein Partner denkt an mich (nach der Erfahrung mit Timo) und gibt sich Mühe. Nachdem ich mal eine Kinderschaukel bekam, begriff ich, dass *gut meinen* und *gut machen* nicht zwingend das Gleiche ist. In Sachen *Gedankenmachen* erhielt das Präsent eine glatte 1, ich schaukle sehr gern – aber das Ding war nur bis maximal vierzig Kilo ausgelegt; hätte ich einmal drin gesessen, wäre mein Hintern vermutlich von der Feuerwehr mit schwerem Gerät wieder herausgetrennt worden.

Nach Jahren des Muskelkaters vor lauter verkrampftem Fake-Freude-Lächeln, sage ich heute: Nein, ganz ehrlich, mir ist nicht egal, was. Das klingt vielleicht ein bisschen scheiße, aber es ist wenigstens ehrlich. Gleichzeitig habe ich akzeptiert, dass Göttergatte schon den Fortgeschrittenen-Hellseherkurs belegen müsste, um zu ahnen, dass mir das Geschirr »Sunrise« aus dem Katalog *Blablabla* total gut gefällt. Selbst wenn ich ihm sage »ich wünsche mir ein gelbes Geschirr« bliebe das Risiko, dass ich statt des Urlaubslaune versprühenden gewünschten Sonnenaufgangs irgendwas giftig Zitronengelbes kriege, das den Appetit dämpfen soll. Und wenn ich mir dann trotz aller Mühe ein beleidigtes Zucken nicht verkneifen kann, würde er hilflos sagen »aber du wolltest doch was Gelbes, und du willst doch immer abnehmen«. Dass es Sonnengelb sein und er mir stattdessen vermitteln sollte »ach was, du hast die perfekte Figur, Schatz, ich liebe jedes Pfund an dir« erfordert eine Transferleistung, die zu erbringen er einfach nicht in der Lage ist. Also: Fuck it!

Statt mir kreative Geschenke zu wünschen, die zu 90 Prozent im Fiasko enden, schreibe ich eben tatsächlich einen Wunschzettel. Und wenn es beispielsweise ein ganz bestimmtes Armband sein soll, dann gehen wir an meinem Geburtstag eben schön bummeln, und er kauft es mir gleich vor Ort. Ja, das ist vielleicht nicht ganz so romantisch, als könne er mir jeden Wunsch von den Augen ablesen, stimmt. Na und? So romantisch sind die Bemerkungen der Feuerwehrleute beim Anblick eines in der Schaukel festsitzenden Hinterteils vermutlich auch nicht. Ich freu mich über das Armband, er freut sich, dass ich mich freue – das ist für mich das, was ein Geschenk hervorrufen sollte.

Umgekehrt halte ich es genauso: Wenn er sich halt über Elektronik-Spielzeug am meisten freut, soll er es eben haben. Denn ihm etwas anderes zu überreichen, ist wie wenn man Jugendstil statt gewünschtem Bauhaus schenkt.

DAS SCHWEIGEN DER MÄNNER

Eine Eigenschaft, die ich reineweg zum Brechen finde, ist: Geiz. Damit kann ich ganz schlecht umgehen; er war sogar mal der Trennungsgrund von einem Verflossenen. Irgendwas ist halt immer, sagen Sie jetzt vielleicht, und das stimmt. Es wäre auch nicht ganz so problematisch gewesen, wenn mein Ex für sich die gleiche Bescheidenheit an den Tag gelegt hätte, die er von anderen erwartete. Aber wer – wenn andere löhnen – das teuerste Steak auf der Karte wählt, sollte bei einer eigenen Einladung nicht die ungezwungene Atmosphäre eines Schnellimbisses loben und »deshalb« die Gäste dorthin bitten. No-Go! Oder an Sankt Martin: Da hatte ich für die Kinder zungenfärbende *Chupa Chups* geholt. Nachdem der singende Tross zum nächsten Haus weitergezogen war, fragte er völlig entgeistert: »Hast du jetzt etwa *jedem* Kind einen eigenen Lolli gegeben?«

Wir haben über fast jede Ausgabe gestritten; wollte ich Freunden oder Familienmitgliedern ein Geschenk machen, nannte ich nie den wirklichen Preis, um Diskussionen zu vermeiden – dabei gab ich dafür mein ureigenstes, selbst verdientes Geld aus, nicht etwa seins! Kritisierte ich seine Knauserigkeit, zuckte er lediglich mit den Achseln und meinte: »So bin ich eben, damit musst du leben.« Natürlich hatte er in gewisser Weise recht: Einen Menschen grundlegend verändern zu wollen, ist keine gute Basis für eine Beziehung. Sie erinnern sich: *die Gelassenheit, Dinge hinzunehmen, die ich nicht ändern kann.* Das heißt aber natürlich nicht, dass man sich mit jeder Dreckseigenschaft, die ein Partner so an den Tag legt, abfinden muss. *Sein* Geiz ging nämlich zum großen Teil auch auf *meine* Kosten; und das nicht nur im übertragenen Sinne. Denn als zum Beispiel unser alter Fernseher nur noch im linken oberen Viertel ein Bild anzeigte, sagte er dazu: »Mich stört das nicht. Wenn du einen neuen willst, musst du ihn schon selbst kaufen.« Aus Trotz bestand ich darauf, dass mir das auch nichts ausmacht – und wir schauten rund zwei Monate immer nur 25 Prozent des TV-Programms. Erstaunlich, was man dennoch alles mitbekommt! Nichtsdestoweniger hatte ich nach einigen Wochen die Nase voll und kaufte tatsächlich einen neuen; und zwar für meine eigene Wohnung, die ich ohne den Geizhals bezog.

Göttergatte kann man jetzt auch nicht gerade als fleischgewordene Verschwendungssucht bezeichnen, aber bei ihm ist es eine ganz bestimmte Art von Geiz, die mich fertigmacht: Er spart an Worten. Und zwar immer dann, wenn ihm irgendwas durch den Kopf geht, ihn beschäftigt, bedrückt. Während er Romane über HDMI-Kabel, Media-Server und anderen uninteressanten Scheiß erzählen kann, deckt er über alles »Eingemachte« gern den Übergrößenmantel des Schweigens. Das tut er aber nicht so konsequent, sodass ich davon gar nichts mitbekäme, nein: Er schweigt ausgesprochen laut. Indem er zwischendurch sorgenvoll vor sich hin seufzt, schwer atmet, ab und an seine Wangen reibt, leicht den Kopf schüttelt – kurz, er drückt mit jeder Faser seines Körpers aus, dass irgendwas im Argen liegt. Aber frage ich ihn dann, heißt es generell: »Nein, nein, es ist nichts.« Das macht mich wahnsinnig! Ich grüble, was es sein könnte – er war kürzlich beim Arzt, hat er vielleicht eine schlechte Nachricht erhalten?

Nein, nein, es ist nichts.

Ist irgendeine blöde hohe Rechnung gekommen?

Nein, nein, es ist nichts.

Bin ich ihm irgendwie auf den Schlips getreten?

Nein, nein, es ist nichts.

Und so geht das immer weiter, bis ich irgendwann vermute, dass er seit drei Jahren ein Verhältnis mit einer anderen hat und die jetzt schwanger von ihm ist oder dass er unter Bauchspeicheldrüsenkrebs im Endstadium leidet oder alles zusammen. Irgendwann ist mein Mitgefühl aufgebraucht, meine Geduld zu Ende, meine Nerven liegen blank und ich platze heraus: »Verdammte Scheiße, jetzt sag mir gefälligst, was los ist!!«

Und bevor er den Mund aufmacht, fauche ich schon »WEHE, du sagst jetzt ›nein, nein, es ist nichts‹!«. Dann schaut er mich böse an, schnappt sich seine Jacke und den Hund und sagt »ich muss mal raus«. Während er sich die Schuhe anzieht, rufe ich ihm nach, wie kindisch, egoistisch und beschissen sein Verhalten ist (und eventuell rufe ich ihm auch noch das ein oder andere über Butternuss hinausgehende Schimpfwort hinterher). Wenn die Tür ins Schloss fällt, öffne ich heulend die Speichertreppe und zähle die noch tauglichen Umzugskartons auf dem Dachboden durch.

Anschließend rufe ich Diana an und frage schluchzend, ob ich eine Weile bei ihr wohnen kann – worauf die blöde Kuh zu lachen beginnt. »Schnucki, du weißt, dass du das jederzeit tun kannst. Aber wir wissen doch beide, wie das endet. Er wird irgendwann sagen, was ihn so ungemein beschäftigt, du wirst dich darüber aufregen, dass er aus einer Nichtigkeit einen Elefanten macht und dann rauft ihr euch wieder zusammen. Bis zum nächsten Mal.«

»Nein«, sage ich, »diesmal ist es anders. Diesmal ist es wirklich schlimm.«

Dann erklärt sie mir, dass sie später noch einen Termin habe, und der Schlüssel im Blumentopf steckt, wie immer.

»Danke«, schniefe ich.

»Du bist 'ne hysterische Tussi, auch wie immer«, sagt sie, »ich hab dich aber trotzdem lieb.«

Als ich eine Dreiviertelstunde später den Schlüssel im Schloss höre, habe ich im Geiste schon den Hausrat aufgeteilt. »Hi«, sage ich, und er antwortet: »Hi, ich bin gleich wieder weg. Ich hab mich nämlich entschieden.«

Siehst du, Diana, diesmal ist es wirklich schlimm, denke ich, und nicke gefasst. »Ich packe nur ein paar Sachen, dann bin ich auch weg. Ich werde erst mal bei Diana bleiben.«

»Häh? Wie, bei Diana bleiben? Was meinst du?«

»Na, wenn du jetzt gehst, möchte ich auch nicht allein hier bleiben.«

»Wieso nicht? Ich bin doch höchstens zwei Stunden weg.«

»Zwei Stunden?«

»Ja, ich muss nur schnell in den Elektromarkt. Ich hab mich jetzt doch entschlossen, das Sony-Handy umzutauschen. So gut es ist, ich bin halt einfach Samsung-Fan, hilft alles nichts.«

»Sony? Samsung?!«

»Ja, ich hab doch gesagt, ich hab mich entschieden.«

»Ich dachte, du hättest dich für dein schwangeres Verhältnis entschieden.«

»WTF?! Hast du deshalb die Umzugskartons vom Speicher geholt?«

»Ähm ... ja.«

»Du spinnst, Weib.«

»Und du hast auch keinen Bauchspeicheldrüsenkrebs im Endstadium?«

»Ich hoffe nicht, nein.«

Dann nenne ich ihn einen blöden Arsch, er mich eine überspannte Ziege, und ich würde am liebsten uns beiden in den Hintern treten. Ihm dafür, dass er nie den Mund aufmacht, wenn ihn etwas beschäftigt – und mir dafür, dass ich mir generell den *worst case* ausmale, wenn er mal wieder schweigt. Dabei weiß ich eigentlich, dass er mit Kritik keineswegs hinterm Berg hält; nerve ich ihn mit irgendwas, kommentiert er das im Normalfall klar mit einem »das nervt mich«. Aber sein grüblerisches Schweigen macht mich verrückt – warum tut er das nur?

Biologie, habe ich mittlerweile in Erfahrung gebracht. Ja, tatsächlich: In Stresssituationen (und treffen Sie mal die Wahl zwischen Sony und Samsung, mehr Stress geht ja kaum ...) wird unser Gehirn mit Botenstoffen überschwemmt. Aus der Evolution heraus kann der Körper dann nur spontan auf zwei Weisen reagieren, ohne den langwierigen Umweg über den Verstand zu gehen: Flucht oder Angriff. Das ist zwar bei beiden Geschlechtern gleich, aber: Bei Frauen bauen sich die Transmitter deutlich schneller ab, sodass sie innerhalb eines Konflikts rascher wieder zu halbwegs sachlichen Gesprächen bereit sind. Statt Ihren gestresst-wortkargen Mann künftig zu schimpfen, freuen Sie sich also lieber darüber, dass er sich statt für den Angriff für die Flucht bzw. die Schweigsamkeit entscheidet.

Sind Sie hingegen selbst ein schweigsamer Mann, dann nutzen Sie doch mal einen ruhigen Moment und teilen Ihrer Partnerin mit, dass Sie aus physiologischen Gründen gar nicht anders können, es sei denn, sie bevorzuge den *unglaublichen Hulk*. Sie wird sich dann beim nächsten Mal vermutlich wieder genauso aufregen. Aber in dem Moment, in dem die Botenstoffe abgebaut sind im weiblichen Gehirn, können wir mit der Situation besser umgehen. Und geraten nicht in Panik, wenn Mann dann eine Runde um den Block dreht. Damit tut er instinktiv nämlich genau das Richtige: Die Bewegung macht den Kopf im wahrsten Sinne des Wortes wieder frei. Danach klappt's dann auch mit dem Reden.

Das werde ich mir beim nächsten großen Schweigen mantraartig vorbeten. Falls es nichts bringt, weiß ich jetzt zumindest, dass auf dem Dachboden noch siebzehn Umzugskartons liegen.

»Die räum ich vorsichtshalber lieber weg!«, kündigte Göttergatte zwar vollmundig an. Aber Sie wissen ja: Wenn ein Mann sagt, dass er etwas wegräumt, dann tut er das schon. Eines fernen Tages. Es ist nicht nötig, dass Sie ihn alle sechs Monate dran erinnern!

DER WEG IST NICHT DAS ZIEL

Es gibt noch eine Sache, die Göttergatte einfach nicht fertigbringt, neben Grübeleien preisgeben und Sachen wegräumen. Und auch damit ist er in der Männerwelt in keinster Weise allein: Er fragt nicht danach, wo es langgeht. Er sucht im Baumarkt lieber vierhundertachtunddreißig Fächer mit Dübeln nach dem richtigen Federklappdübel ab, bevor er einen Mitarbeiter fragt, wo er das Scheißding findet. Das Argument lautet dabei grundsätzlich: *Die haben ja eh keine Ahnung.*

Dieser Satz treibt meinen Blutdruck in vier Sekunden in gefährlich hypertonische Höhe. Das sind Augenblicke, in denen ich der »Butternuss« gern noch ein paar erläuternde Attribute hinzufüge. Ich verstehe es nicht und krieg regelmäßig einen Hass: Was ist das für eine schief verknüpfte Synapse in Männer-Hirnen, die ihnen die simple Fähigkeit des Nach-dem-Weg-Fragens nimmt? Ist das irgendetwas archetypisch Männliches aus längst vergangenen Zeiten? So nach dem Motto: Ich jage das Tier (Dübel), erlege es, entzünde das Feuer und gare den Jagderfolg darüber, um meine Familie zu versorgen?

Diana, die mit dem egozentrischen Chauvinisten-Arschloch kurz vor der Trennung noch einen Trip nach Paris gebucht hatte, kann von dem »ich frage keine anderen, die haben eh keine Ahnung« ein Lied singen. Denn nach einem Tag im Disneyland vor den Toren der Stadt wollten beide abends ihr (bereits im Voraus bezahltes) Hotel ansteuern. Für Otto-Normal-Autofahrer(in) an sich kein Problem, es gibt ja Navis. Das sieht bei CA (kurz für Chauvinisten-Arschloch; rein zufälligerweise sind es aber auch die Initialen seines Namens ...) jedoch ganz anders aus, denn »so eine besserwisserische Automatentussi, die mir sagt, wo ich langfahren soll, kommt mir niemals ins Auto, die sind doch nur was für Idioten ohne Orientierungssinn«. Ab dem Moment, als dieses Zitat vor ein paar Monaten fiel, zählte ich die Beziehung übrigens an. Und das nicht nur, weil ich eindeutig und gern zu den Idioten gehöre.

Abends in der französischen Hauptstadt, noch dazu mit äußerst lückenhaften Erinnerungen an das bereits einige Jahre zurückliegende Schulfranzösisch, eine kleine Seitenstraße finden zu wollen, ist – ambitioniert. Vielleicht wären zwei besonnene Charaktere mit der Gelassenheit Buddhas und dem logischen Denken Sherlock Holmes' dazu in der Lage gewesen; CA und Diana jedenfalls nicht. Dafür gaben sie sich ausgiebig dem Sightseeing hin, zumindest was den Triumphbogen angeht. Denn haste nicht gesehen, landeten sie in Frankreichs größtem Kreisverkehr, der genau drumherum führt – und kamen ungelogen über eine Stunde nicht wieder heraus. Welcher Dialog sich in diesen mehr als sechzig Minuten entspannte oder auch verspannte, darüber bewahrten beide hinterher einvernehmlich, wie man sie selten sah, Stillschweigen. Vermutlich würde sein Inhalt dieses Buch auch sofort auf den Index wandern lassen, wenn er schon Diana irgendwie peinlich war.

Als sie es dann endlich aus dem Kreisel herausgeschafft hatten, lag die Straßenkarte zerrissen im Auto verteilt, und Diana hatte nach eigener Aussage den festen Plan gefasst, die Fetzen später einzusammeln, zu pürieren und CA im Schlaf durch eine geeignete Körperöffnung zuzuführen. Tipp: Der Mund war es nicht.

»Ich hätte ihn umbringen können. Und sollen«, fasste meine Freundin die Lage nach ihrer Rückkehr zusammen. »Als wir aus dem verkackten Kreisverkehr draußen waren, wollte ich, dass er irgendwo rechts ran fährt, damit wir jemanden nach dem Weg fragen können. Und weißt du, was dieser mentale Einzeller darauf geantwortet hat?!« Ich nickte weise. Oh ja, ich wusste es. »Er sagte, ›wofür denn, die haben doch eh keine Ahnung‹«, tippte ich und erlebte einen der seltenen Momente, in denen ich Diana für einen Moment sprachlos sah. »Genau! Woher weißt du das?«

»Kennst du den: Warum braucht es Millionen Spermien, um eine Eizelle zu befruchten? Weil Männer nie nach dem Weg fragen!«

Außer Empirik – ich hatte, neben der oben genannten, unzählige derartiger Situationen erlebt –, kannte ich auch eine Studie des britischen Versicherungsunternehmens *Sheilas' Wheels*: Die Untersuchung kam schon 2010 zu dem Ergebnis, dass Männer jährlich einen Umweg von vierhundertzweiundvierzig Kilometern fahren und in ihrem Autofahrerleben knapp zweitausendfünfhundert Euro an zusätzlichen Spritkosten zahlen, weil sie einfach nicht nach dem Weg fragen.

Dafür müssen sie aber nicht im Auto sitzen. Ob Wanderung, Baumarkt, Radtour oder Toilettensuche im Restaurant: Man(n) kennt sich aus, auch wenn er noch nie da war und absolut keinen Plan hat. Das einzugestehen, würde nämlich gleichzeitig signalisieren, dass er hier neu ist, ahnungslos, ein nicht ernstzunehmender Newbie – und das wiederum bedroht seine Souveränität. Ebenso seine Unabhängigkeit, wenn er auf Informationen von anderen angewiesen ist. Für viele, die bei Geschlecht *männlich* ankreuzen, trifft die Redensart »fragen kostet nichts« also nicht zu. Fragen würde Würde kosten – und eine Untersuchung der Duke University (North Carolina, USA) gibt ihnen sogar Recht. Zumindest, was das Geschäftsleben angeht: Bei Männern scheint die Bitte um Hilfe auf mangelnde Führungsstärke hinzudeuten, wohingegen von Frauen auch im Businessbereich eine gewisse Hilflosigkeit geschlechtsbedingt erwartet und zumindest nicht negativ bewertet wird.

Frauen fällt es, den Forschungen zufolge, auch deutlich leichter, sämtliche zur Verfügung stehenden Möglichkeiten zum Erreichen eines Ziels zu benutzen – Fremdhilfe einbezogen. Männer hingegen weichen nur ungern von ihrem einst gefassten Plan ab und halten häufig selbst dann noch daran fest, wenn sich schon klar andeutet, dass der Weg nicht zum Erfolg führt.

Es sind also wohl wirklich unbewusste Zwänge, die dazu führen, dass mich Göttergatte, der im vierhundertneununddreißigsten Fach endlich den ersehnten Dübel entdeckt, siegessicher angrinst: *Siehste, den hab ich gefunden! Ganz ohne den Baumarkt-Dödel zu fragen!*

Es gibt aber eben auch in mir dunkle Flecken, an die die Erleuchtung aus Evolution, Studienwissen und Toleranz nicht heranreicht. Die wiederum sorgen nach Göttergattes zweistündiger Suche dafür, dass ich entnervt die Augen verdrehe und feststelle, dass eindeutig er selbst der Hohlraumdübel sei. Und dass er mich, wenn er seine Eroberung bezahlt habe, an der dem Baumarkt vorgelagerten Bäckerei-Ecke fände, bei Milchkaffee und Quarkbällchen. Dann drehe ich mich auf dem Absatz um und nutze alle mir zur Verfügung stehenden Möglichkeiten bzw. meine zwei Füße, um genau diesen Plan in die Tat umzusetzen. Siehe da: Nach dem Verzehr der zweiten fettgebackenen Kugel und einer halben Latte lässt die Wut nach. Das hätte ich am besten gleich getan: es mir während seiner Sucherei hier gemütlich gemacht! Auf jeden Fall werde ich beim nächsten Besuch dran denken und mir die Nerven sparen. Im Zweifelsfall lieber Kalorien als Stress zuführen.

Ein Augenarzt sagte zu meinem Papa mal: Wer alt genug wird, der kriegt auch einen grauen Star. Mit dem Fluchen in der Beziehung verhält es sich ähnlich: Hält sie lange genug an, werden Sie Ihren Partner irgendwann zum Teufel wünschen, zur Hölle oder eben nach Madagaskar. Und wissen Sie was? Das ist okay. Wer sich liebt, muss sich deshalb nämlich noch lange nicht immer leiden können, und wer sich schon lange liebt, geht sich zwischendurch dennoch gar nicht selten auch mal gewaltig auf die Nerven. Darf man das rauslassen? Natürlich! Allerdings ist es taktisch schlauer, den »Hohlraumdübel« ein wenig zu erläutern und das, was einen nervt, auch konkret zu benennen – ohne den Ärger auf die gesamte Person zu fokussieren. Ganz simpel formuliert:

Statt
ich hasse DICH, weil ...
lieber
ich hasse ES, dass du ...
zu sagen und statt
DU gehst mir auf die Nerven ...
besser zu formulieren
ES geht mir auf die Nerven, dass ...

Unbedingt sinnvoll ist es auch, das Gelassenheitsgebet im Hinterkopf zu haben:

Gott (wahlweise Allah, Buddha, Osho, Universum, Mutter Erde, Hexe XY oder wer auch immer), *gib mir die Gelassenheit, Dinge hinzunehmen, die ich nicht ändern kann, den Mut, Dinge zu ändern, die ich ändern kann, und die Weisheit, das eine vom anderen zu unterscheiden.*

In diesem Fall sage ich ihm also: »Ich hasse es, dass du einfach nicht nach Hilfe fragst! Das nervt! Wir hätten hier schon locker seit einer Stunde raus sein können!«

Und dann seufzt er und sagt, dass es ihm leidtut. Dass es nicht wieder passieren wird, sagt er wohlweislich nicht …

So wie es aussieht, wird sich an Göttergattes »ich frag nicht nach dem Weg« wohl auch zukünftig nichts ändern. Aber die Erkenntnis, dass er gar nicht anders kann – genauso wenig wie Ihr Mann bzw. Sie nicht anders können, macht die Sache ein wenig leichter. Die Gelassenheit, Dinge hinzunehmen … Sie wissen schon. Die hilft. Und Quarkbällchen. Ärger und Frust – diese wunderbare Methode erwähnte ich bereits – lassen sich bekanntlich ab und zu hervorragend mit Fett und Zucker überdecken, wie eine pudrig-weiße Schneedecke einen unzureichend gepflegten Garten. Sehen Sie einfach zu, dass Sie bei Autofahrten welche im Handschuhfach, bei Wanderungen und Radtouren einige im Rucksack und auch immer welche zu Hause haben. Schicken Sie aber nie Ihren Mann Quarkbällchen einkaufen; bis er die Bäckerei ohne Hilfe gefunden hat, sind Sie verhungert.

GEMEINSAME PROJEKTE

Im Normalfall, das muss ich wohl der Ehrlichkeit halber klarstellen, ist es übrigens nicht Göttergatte, der sich um einen Besuch im Baumarkt reißt. Da bin ich deutlich enthusiastischer, allerdings will ich dann keine Dübel einkaufen. Viel spannender finde ich die Farben- und Lack-Abteilung. Und Tapeten. Und. Und. Und. Denn diese Produkte liefern mir »Inspiration«. Wenn der beste Ehemann von allen dieses Wort hört, beginnt sein linkes Augenlid fast unmerklich zu zittern. Besondere Angst machen ihm Baumarkt-Visiten, die kurz nach meiner Lektüre von Wohnzeitschriften stattfinden. Denn dort hole ich mir Anregungen, wie ich unser Zuhause ruck, zuck in ein schmuckes Familiennest verwandeln kann. Wobei der Begriff »ruck, zuck« dehnbar ist. Bewaffne ich mich dann womöglich noch mit Pinsel und Farbeimer, kommt zum Lidzittern ein nervös zuckender Mundwinkel hinzu.

»Du achtest aber«, fängt er dann an – und ich vollende zickig, »darauf, dass das aktuelle Projekt uns nicht in unserem Alltag behindert«. Blödmann.

Er erinnert sich immer noch daran, wie ich in einer früheren Maisonette-Wohnung die Treppe ins Erdgeschoss lackiert habe, wirklich äußerst liebevoll und gründlich. Leider hatte ich übersehen, dass man das normalerweise in zwei Arbeitsgängen erledigt, da man zum Begehen der Treppe ein über die andere Stufe freilassen sollte. Stattdessen arbeitete ich mich straight durch. Das hatte zur Folge, dass ich unten im Wohnzimmer auf dem Sofa schlafen musste und er – im Dachgeschoss gab es kein Bad – nicht aufs Klo gehen konnte. Achtzehn Stunden, bis der Lack durchgetrocknet war. Ja nun. Menschen machen Fehler.

»Ja, aber Menschen könnten sich dann zumindest ihre blöden Granufink-Witze sparen«, mault Göttergatte, und damit hat er recht, das war gemein von mir.

Seitdem beschleunigt sich jedenfalls sein Pulsschlag, wenn ich ankündige, ein »neues Farbkonzept« in unserer Bude umsetzen oder »schnell mal das Schlafzimmer streichen« zu wollen. Das liegt nicht nur daran, dass er unterbewusst um seinen freien Zugang zum Badezimmer fürchtet, sondern vor allem daran, dass er Angst davor hat, in mein Vorhaben eingebunden zu werden. Auf den Fotos in Frauenmagazinen sieht so was auch total lustig und partnerschaftlich aus, wenn Mann und Frau gemeinsam Rolle und Pinsel schwingen, beide mit einem Zeitungshütchen auf dem Kopf und dekorativen Klecksen auf Wange und Nasenspitze. In der Praxis ist es aber so, dass Göttergatte und ich ähnlich verschiedene Auffassungen vom Renovieren wie vom Aufräumen haben. Während er erst mal systematisch und stundenlang alles abklebt, streiche ich lieber drauflos und arbeite die Flecken später mit dem Ceranfeldschaber und Terpentin ab. Oder ich beschließe, dass es jetzt, wo die Wände schön sind, auch eh höchste Zeit für einen neuen Bodenbelag wird. Wodurch das lästige Kleckseentfernen entfällt. Arbeiten wir jedenfalls zusammen, kommt es schon nach maximal einer halben Stunde zu einer Auseinandersetzung:

Warum machst du das nicht vernünftig?
Weil ich kreativ bin.
Du meinst, weil du chaotisch bist.
Das denkst du nur, weil du so spießig in deiner Herangehensweise bist.
Ich bin nicht spießig, sondern du bist schlampig.
Hast du mich gerade Schlampe genannt, Butternuss?!
Du kannst nicht nur nicht ordentlich malern, Weib, du kannst auch nicht richtig zuhören. Ich sagte ›schlampig‹, nicht ›Schlampe‹.
Und du bist nicht nur spießig, sondern auch noch ein Korinthenkacker!
Das muss ich mir nun echt nicht sagen lassen, nur weil du hier mal wieder einen Hirnfurz auslebst und renovieren willst. Mach den Scheiß doch allein, du willst ja auch ›cosy grey‹ an der Wand.
Wenn ich drauf warten würde, dass du aus dir heraus mal was streichst, wären die Wände längst grau! Aber nicht cosy!

Spätestens dann wirft einer das Handtuch, das in dem Fall eine Malerrolle ist, und ich streiche das Zimmer dann etwas später allein und in völliger Harmonie fertig. Während Göttergatte es am nächsten Tag besänftigt besichtigt und feststellt, »sieht schön aus, das kuschelige Grau«.

Nein, wir können nicht gut zusammen renovieren.

Leider können wir auch viele andere Dinge nicht wirklich gut zusammen machen. Und dabei liest man in Lebensratgebern doch aller Orten, wie wichtig ein gemeinsames Hobby oder, noch besser, ein gemeinsames Projekt ist. Ich habe Jahre mit der Suche nach einem gemeinsamen Projekt verbracht. Übrigens allein, denn Göttergatte findet das Projekt »gemeinsames Projekt finden« völlig überbewertet.

»Aber wir brauchen doch etwas, das uns verbindet«, finde ich.

»Uns verbindet doch unsere Verbindung«, findet Göttergatte.

»Na, aber um die zu festigen, braucht es Gemeinsamkeiten, sagen Fachleute«, gebe ich zu bedenken.

»Es gibt Fachleute für unsere Beziehung?«, fragt Göttergatte zweifelnd.

»Andere Paare machen so viele Dinge gemeinsam«, antworte ich, den unqualifizierten Einwand ignorierend.

»Wer? Was?«, hakt der gerade mal wieder höchstens mittelprächtigste Ehemann von allen nach.

»Also, Ira und Christoph zum Beispiel haben ihr Aussteigerprojekt...«

»Christoph holt die Bäume aber allein aus dem Wald und Ira kümmert sich ausschließlich selbst um den Gemüsegarten, da darf Christoph nicht mal rein.«

»Ja, aber ... Melly und Mirko gehen zusammen Badminton spielen.«

»Okay, dann gehen wir halt meinetwegen auch. Kannst du das denn überhaupt?«

»Darum geht's doch nicht – ich möchte, dass wir was finden, das uns beiden Spaß macht! Was wir gemeinsam tun und was uns verbindet.«

»Na ja, wir ...«

»Außer Sex.«

»Ach so.«

Pause.

»Wie wär's mit Fernsehgucken?«

»Ach, Fuck, das ist doch kein Hobby! Außerdem guckst du gern solche Sci-Fi-Scheiße, *Stargate* und so einen Mist.«

»Nur weil es dir nicht gefällt, ist es noch lange kein Mist, okay?! Und erinnere dich mal ans Fahrradfahren – es lag nicht an mir, dass daraus nichts geworden ist!«

Das stimmt ärgerlicherweise. Göttergatte fährt gern Fahrrad, und irgendwie waren die Samen seiner Begeisterung dafür bei mir vor einigen Jahren auf ein Eckchen oberflächlich fruchtbaren Bodens gefallen. Irgendwas in mir warnte dunkel, als ich im Fahrradladen probeweise in den Sattel stieg, aber ich hörte nicht auf die mahnende Stimme meiner Intuition und erwarb das Vehikel. Schon bei der ersten Frühlings-Radtour, idyllisch entlang des Neckars, wurde mir schlagartig klar, warum ich zwanzig Jahre nicht im Besitz eines Rades gewesen war: Ich konnte Fahrradfahren nicht ausstehen. Die Pollen flogen mir in Augen und Nase, nach zehn Minuten musste ich vor lauter Niesen absteigen, es war anstrengend, und entweder nervten mich Fußgänger oder Autos. Ich erinnerte mich auch sofort wieder an einen längst vergessen geglaubten Hollandurlaub mit meiner ersten großen Liebe: Damals wollte ich auch unbedingt Fahrräder ausleihen, weil man das eben so macht dort und die Holländer alle so herrlich entspannt dabei aussehen, wenn sie auf ihren schwarzen Rädern mit Lastenkorb (ohne Gangschaltung!) durch die Gegend brausen.

Dass ich vom mental tiefenentspannten Niederländer meilenweit entfernt bin, zeigt sich schon daran, dass dort ein *Bond tegen vloeken* (»Bund gegen Fluchen«) existiert, der sich laut Wikipedia einsetzt »für einen respektvollen Sprachgebrauch ohne Schimpfwörter und Flüche«. Die Organisation kritisiert auch grobe Sprache und Verwünschungen. Für mich hingegen sind schon diese beiden Aktivitäten – also Fahrradfahren und Fluchen – untrennbar miteinander verbunden. Unglücklicherweise wurde mir das erst klar, als wir die Räder bereits für einen ganzen Tag gemietet hatten (mein Freund plädierte ursprünglich für vier Stunden, was ich mit einem augenrollenden »da sitzen wir doch gerade mal gut im Sattel« großmäulig abgelehnt hatte). Machen wir's kurz: Nach einer Stunde, die mit der Erkenntnis verbunden war, dass am Meer der Wind immer von vorne kommt, und das völlig unabhängig davon, in welche Richtung man radelt, stieg ich, aus Wut über mich selbst, heulend vom Rad, warf es ins Gras und mich selbst daneben. Eine halbe Stunde später brachten wir die Drahtesel zurück in ihren Stall.

Das Fahrrad, das ich zusammen mit Göttergatte kaufte, habe ich dann vor etwa einem Jahr weiterverscherbelt – für einen guten Preis, denn es war objektiv neuwertig, da keine hundert Kilometer gefahren. Dieses Jahr werde ich auf dem gleichen Trödelmarkt weitere Anschaffungen anbieten, die ich in der Absicht, ein gemeinsames Hobby zu kreieren, irgendwann besorgt hatte:

- den Kickertisch (wie sich herausstellte, ist meine Hand-Augen-Koordination leider unzureichend)
- die Dartscheibe (ich musste jedes Mal, wenn Göttergatte an der Reihe war, diverse Löcher in der Wand zugipsen, was wiederum Baumarkt-Besuche zur Folge hatte, die wiederum ... Sie wissen schon)

- das Seidenmalset (völlig unbenutzt)
- ein 5000-Teile-Puzzle (»Bist du sicher, dass die Katzen nicht noch irgendwo ein Teil gebunkert haben?« – »Nö, aber das merkt der Käufer ja erst in 4999 Teilen.«)
- das zwölf CDs umfassende Hörspiel »Die Säulen der Erde« und diverse weitere Hörbücher (originalverpackt)
- jede Menge Gartenzeitschriften

Von der erklecklichen Summe, die wir bzw. ich (Flohmarkt-Verkäufe gehören ebenfalls zu den Dingen, die er mich lieber allein tun lässt) hoffentlich damit erziele, gönnen Göttergatte und ich uns ein Wochenende in Berlin. Das geht als gemeinsames Hobby zwar nicht so richtig durch, aber Spaß haben wir dabei beide.

Und ansonsten sage ich Fuck you, gemeinsames Projekt – dann bleibt es eben beim Hundespaziergang und dem Fernsehabend. Das ist doch auch schon was ...

FUCKTEN-CHECK KAPITEL 6

Während zu Beginn einer Beziehung noch sehr wenig Kraftausdrücke verwendet werden, entwickeln sich länger andauernde entsprechend nicht selten zum verbalen Kriegsschauplatz. Und wie das eben so ist mit dem Schimpfen: Tun wir's zu intensiv und zu oft, verpufft die Wirkung. Auf jeden Fall aber mit der Zeit der Respekt. Insofern sollten die »harten Sachen« nur sporadisch zum Einsatz kommen und wirklich den angemessenen Momenten vorbehalten bleiben.

Das heißt jedoch weder, dass man über Lebens(abschnitts)gefährten (m/w) nicht schimpfen sollte, noch, dass es in einer guten Beziehung kaum Gründe dazu gibt. Im Gegenteil: Gerade in einer Partnerschaft entstehen meist Myriaden von Anlässen, bei denen man sich über den anderen ärgert. Schließlich verbringt man mit keinem anderen Menschen so viel konzentrierte Zeit – umso geballter kommt da auch nicht selten der Frust zusammen:

- Er räumt seine dreckigen Klamotten nicht weg.
- Er kauft immer die fette Milch ein.
- Er lässt seine Tasse grundsätzlich auf der Spülmaschine stehen.
- Er fragt nicht nach dem Weg.
- Er spielt Jenga in der Mülltonne.
- Er schweigt wie ein Grab – immer dann, wenn er mal reden sollte.

_____

_____

_____

_____

_____

- Sie telefoniert Stunden mit ihrer Freundin.
- Sie bestellt im Restaurant immer um (»Die 15 bitte, aber mit Salat statt Gemüse.«).
- Sie fragt immer, was ich denke.
- Sie legt so viele Kissen aufs Sofa, dass kein Platz mehr für mich da ist.
- Sie braucht allen Platz im Kleiderschrank für ihre Schuhe und Taschen.
- Sie steckt im Bett ihre kalten Füße unaufgefordert unter meine Decke.

_____

_____

_____

Jede Menge Aufreger! Und die können einem im Laufe der Zeit mächtig auf den Zeiger gehen. Während bestimmte Eigenschaften angeboren und damit kaum zu ändern sind, wie das männliche Schweigen und Morbus Vuitton (okay, eine genetische Disposition der Frau für den krankhaften Erwerb von Handtaschen ist noch nicht wissenschaftlich erwiesen, aber das kommt bestimmt noch), lassen sich andere zumindest positiv beeinflussen.

Dafür ist allerdings die Grundvoraussetzung, dass die ärgerlichen Faktoren auch aus- bzw. angesprochen werden – und das möglichst frühzeitig. Verwenden Sie dazu statt des verbalen Holzhammers in der Partnerschaft lieber die weniger schmerzhaften Polsterwaffen wie *Seegurke* und *Butternuss*. Bestimmt fallen Ihnen alternativ noch jede Menge andere Sachen ein, die Sie nicht leiden können, fies finden oder die Ihnen nicht schmecken. Ob »du weichgekochte Strozzapreti« oder »du Energiesparfunzel«: Manchmal kommen da wirklich ulkige Kreationen heraus, die beide Streithammel dann trotz des Ärgers zum Lachen bringen. Und zusammen lachen, das gilt unter Paartherapeuten und Psychologen als bestes Rezept für eine gelungene Beziehung – es soll übrigens eine noch tiefere Bindung schaffen, als gemeinsam auf etwas zu schimpfen!

ZUM AUSKLANG

SCHIMPFWORTKNOBELN

Sie können noch ein wenig Nachhilfe in Sachen Kraftausdrücke gebrauchen? Und/oder Sie hatten einen beschissenen Tag und möchten sich ein wenig abreagieren? Dann versuchen Sie's doch mal mit diesem kleinen Spielchen:

Zwei Würfel rollen lassen, die beiden Augenzahlen addieren. Nochmals würfeln, die beiden Zahlen ebenfalls zusammenzählen. Dann beide Summen miteinander multiplizieren – schon haben Sie eine Beleidigung erwürfelt.

Beispiel: Sie würfeln eine 2 und eine 5, gibt 7. Dann eine 6 und eine 4, macht zusammen 10.

7 x 10 ergibt 70 – also ist »Pestbeule« Ihr Schimpfwort. Genauso verfahren Sie, um das dazugehörige erläuternde Adjektiv auszuknobeln. (Wenn Sie sich jetzt fragen, warum bestimmte Zahlen in der Tabelle nicht vorkommen: Es werden nur die genannt, die Sie auch erwürfeln können.)

SCHIMPFWÖRTER

4 Amöbenhirn
6 Arschbackengesicht
8 Betonkopf
9 Blödspaten
10 Brechmittel
12 Dilettant
14 Doofnuss
15 Drecksfunzel
16 Dummdödel
18 Durchschnittsmensch
20 Eckenpisser
21 Ekelpaket
22 Evolutionsbremse
24 Fickfehler
25 Fremdkörper
27 Furzknödel
28 Giftspritze
30 Großhirnkastrat
32 Hampelmann
33 Hartgeldnutte
35 Hirsch
36 Holzbock
40 Intelligenzflüchtling
42 Kackbratze
44 Knalltüte
45 Kotzbrocken
48 Kotzkrücke

49 Krawattentiger
50 Krümelkacker
54 Leiserülpser
55 Lutscher
56 Matschbirne
60 Mistkröte
63 Motzkopf
64 Nullchecker
66 Oberarsch
70 Pestbeule
72 Pissnelke
77 Popelfresser
80 Pottsau
81 Quetschgeburt
84 Riesenrindvieh
88 Saulump
90 Scheißhaufen
96 Schlussleuchte
99 Schnarchsack
100 Schrittschwitzer
108 Totalausfall
110 Toastbrot
120 Vollpfosten
121 Waschlappen
132 Windbeutel
144 Zecke

ERLÄUTERNDE ADJEKTIVE

4 abgewichst
6 arschgesichtig
8 aufgeblasen
9 behämmert
10 bekackt
12 beschränkt
14 bildungsfeindlich
15 brunzdumm
16 chauvinistisch
18 cholerisch
20 debil
21 degeneriert
22 dumpf
24 dusslig
25 einfältig
27 erbärmlich
28 farblos
30 fies
32 gedankenarm
33 gehirnamputiert
35 gestört
36 großmäulig
40 halbgar
42 hinterfotzig
44 hysterisch
45 inkompetent
48 intrigant

49 jämmerlich
50 kleinkariert
54 knickerig
55 kotzlangweilig
56 kümmerlich
60 lahmarschig
63 miesepetrig
64 minderbemittelt
66 missraten
70 nervtötend
72 neurotisch
77 nichtsnutzig
80 peinlich
81 penetrant
84 primitiv
88 reizlos
90 schmierig
96 senil
99 stinkig
100 talentlos
108 übergeschnappt
110 unfähig
120 verbalinkontinent
121 verknöchert
132 widerwärtig
144 zerebralbenachteiligt

QUELLEN

Pfeiffer, Herbert: Das große Schimpfwörterbuch. Eichborn Verlag, 1997

Stephens, R., Atkins, J. & Kingston, A. (2009): Swearing as a response to pain, in: NeuroReport, 20, 1056-1060. doi: 10.1097/WNR.0b013e32832e64b1.

Stephens, R. & Umland, C. (2011): Swearing as a response to pain – effect of daily swearing frequency, in: Journal of Pain, 12, 1274-1281. doi:10.1016/j.jpain.2011.09.004

https://anwaltauskunft.de/magazin/gesellschaft/strafrecht-polizei/505/beamtenbeleidigung-gibt-es-das/

http://www.fr-online.de/recht/beleidigung-beschimpfung-beleidigt-strafen-schimpfwoerter-teuer,21157310,28238236,item,1.html

http://www.kfz-auskunft.de/autokennzeichen/autokennzeichen_c_d_e.html

https://www.keele.ac.uk/psychology/people/richardstephens/

http://www.businessinsider.de/natuerlich-blond-deshalb-haben-so-viele-weibliche-firmenchefs-blonde-haare-2016-8

http://www.bz-berlin.de/artikel-archiv/bruenett-ist-das-bessere-blond

http://www.mein-italien.info/sprache/italienisch-schimpfen.htm

http://www.bussgeld-info.de/beleidigung-im-strassenverkehr/

http://facto24.de/2010/05/20/schimpfworterliste-beleidigungen-konnen-teuer-sein-liste-der-teuersten-schimpfworter-und-gesten-liste/

http://www.bussgeldkatalog-mpu.de/bussgeld/bussgeldkatalog/beleidigungen/index.php

Quellen

http://www.karriere.at/blog/es_lohnt_sich_zu_warten.html

http://www.sciencedirect.com/science/article/pii/S038800011400151X

http://www.galileo.tv/life/studie-wer-haeufig-flucht-ist-wortgewandter-als-andere/

http://www.abendblatt.de/vermischtes/journal/article107050707/Donnerli-statt-Donnerwetter-Frauen-fluchen-doch-anders-als-Maenner.html

http://www.bbc.com/capital/story/20160802-swearing-at-work-might-be-good-for-your-career

https://www.welt.de/gesundheit/psychologie/article153471249/Intelligente-sind-mit-weniger-Freunden-besser-dran.html

http://www.spektrum.de/news/die-gesetze-der-freundschaft/1190912

http://www.spiegel.de/wissenschaft/mensch/psyche-und-gesundheit-einsamkeit-schadet-genauso-wie-rauchen-a-708728.html

https://www.medizinpopulaer.at/archiv/gesellschaft-familie/details/article/muetter-toechter-warum-die-beziehung-so-schwierig-ist.html

http://www.neon.de/artikel/fuehlen/familie/mensch-mama-ich-bin-erwachsen/684645

http://www.babycenter.de/a27721/fluchen-und-schimpfworte-wie-sie-sie-unterbinden-können

http://www.berliner-zeitung.de/familie/dinge-die-eltern-vermissen-1257824-seite3

http://www.familienhandbuch.de/babys-kinder/erziehungsfragen/grenzen/SchimpfwoerterundihreWirkung.php

http://www.familie.de/kind/kinder-schimpfwoerter

538063.htmlhttp://www.spiegel.de/wissenschaft/mensch/sprachforschung-fluchen-tut-gut-a-391497.html

http://www.zeitblueten.com/news/durchsetzungsvermoegen-trainieren-sich-durchsetzen/

Quellen

- http://www.zeit.de/karriere/2016-12/meetings-arbeitszeit-verlust-studie
- http://beschaffung-aktuell.industrie.de/allgemein/acht-dinge-die-bei-besprechungen-nerven-und-unternehmen-teuer-zu-stehen-kommen/
- http://www.huffingtonpost.de/2014/09/15/beleidigungen-schimpfwoerter-chef_n_5821066.html
- http://www.mind-steps.de/2013/04/22/coaching-tipp-konnen-sie-feedback/
- https://www.welt.de/wirtschaft/karriere/junge-profis/article13807838/Sagen-Sie-dem-Chef-ruhig-die-Meinung-aber-richtig.html
- http://www.arbeitsschutz-portal.de/beitrag/asp_news/4870/richtig-lueften-im-buero.html
- http://www.academia.edu/29725191/Frankly_we_do_give_a_damn_The_relationship_between_profanity_and_honesty
- http://www.bild.de/auto/2010/umwege-pro-jahr-13802142.bild.html
- http://www.dailymail.co.uk/sciencetech/article-3083099/The-reason-men-don-t-ask-directions-SEXISM-Males-judged-harshly-females-ask-help-study-reveals.html
- https://de.wikipedia.org/wiki/Bond_tegen_vloeken
- https://de.wikipedia.org/wiki/Gelassenheitsgebet
- http://www.medizinauskunft.de/artikel/liebe/Zusammenleben/fluchen-09-11-16.php
- https://de.wikibooks.org/wiki/Primzahlen:_Tabelle_der_Primzahlen_(2_-_100.000)
- http://www.schimpfen.de/index.php/schimpfwoerter-datenbank/catalog?limit=0

192 Seiten
16,99 € (D) | 17,50 € (A)
ISBN 978-3-86882-666-1

Alexandra Reinwarth
Am Arsch vorbei geht auch ein Weg
Wie sich dein Leben verbessert, wenn du dich endlich locker machst

Es gibt Momente im Leben, in denen einem klar wird, dass man etwas ändern muss. Der Moment, als Alexandra Reinwarth ihre nervige Freundin Kathrin mit einem herzlichen „Fick Dich" zum Teufel schickte, war so einer. Das Leben war schöner ohne sie – und wie viel schöner könnte es erst sein, wenn man generell damit aufhörte, Dinge zu tun, die man nicht will, mit Leuten die man nicht mag, um zu bekommen, was man nicht braucht! Wer noch der Meinung ist, das Leben könnte etwas mehr Freiheit, Muße, Eigenbestimmung und Schokolade vertragen und dafür weniger Kathrins, WhatsApp-Gruppen und Weihnachtsfeiern, der ist hier goldrichtig. Lassen Sie sich von Alexandra Reinwarth inspirieren, wie man sich Leute, Dinge und Umstände am Arsch vorbei gehen lässt, aber trotzdem nicht zum Arschloch mutiert. Und lernen Sie von ihr, wie kleine Entscheidungen einen großen Effekt auf die Lebensqualität haben können.